STABLED SPRØDE VAFLER OG PANDEKAGER KOGEBOG

100 FLUFFY, GYLDNE LÆKKERIER
TIL MORGENMAD OG VIDERE

Karla Isaksson

Alle rettigheder forbeholdes.

Ansvarsfraskrivelse

Oplysningerne i denne e-bog er beregnet til at tjene som en omfattende samling af strategier, som forfatteren af denne e-bog har forsket i. Resuméer, strategier, tips og tricks er kun anbefalinger fra forfatteren, og læsning af denne e-bog garanterer ikke, at ens resultater nøjagtigt vil afspejle forfatterens resultater. Forfatteren af e-bogen har gjort alle rimelige anstrengelser for at give aktuelle og nøjagtige oplysninger til e-bogens læsere. Forfatteren og dens medarbejdere vil ikke blive holdt ansvarlige for eventuelle utilsigtede fejl eller udeladelser, der måtte blive fundet. Materialet i e-bogen kan indeholde oplysninger fra tredjeparter. Tredjepartsmateriale består af meninger udtrykt af deres ejere. Som sådan påtager forfatteren af e-bogen sig ikke ansvar eller ansvar for noget tredjepartsmateriale eller udtalelser. Uanset om det er på grund af internettets udvikling eller de uforudsete ændringer i virksomhedens politik og redaktionelle retningslinjer for indsendelse, kan det, der er angivet som kendsgerning på tidspunktet for dette skrivende, blive forældet eller uanvendeligt senere.

E-bogen er copyright © 2024 med alle rettigheder forbeholdt. Det er ulovligt at videredistribuere, kopiere eller skabe afledt arbejde fra denne e-bog helt eller delvist. Ingen dele af denne rapport må gengives eller gentransmitteres i nogen form for reproduceret eller gentransmitteret i nogen som helst form uden skriftligt udtrykt og underskrevet tilladelse fra forfatteren.

INDHOLDSFORTEGNELSE

INDHOLDSFORTEGNELSE..4

INDLEDNING..8

VAFFLER..10

    1. Blåbær kanel mufler....................................11
    2. Vaflet skinke og ost smeltes........................14
    3. Vaflet Hash Browns med rosmarin...............17
    4. Grønne Chile-vaflede Quesadillas.............20
    5. Vaflet cubansk sandwich............................22
    6. Vaflet Croque Madame...............................25
    7. Klassisk vaffelburger med ost...................28
    8. Vaflet Portobello-svamp.............................31
    9. Vaffelfilet Mignon.......................................34
    10. Chokoladefyldt fransk toast.....................38
    11. Spaghetti og vaflede frikadeller..............41
    12. Vaflet makaroni og ost.............................46
    13. Ristet ost Wavioli....................................49
    14. Vaflet sød kartoffel gnocchi...................52
    15. Presset kartoffel og ost Pierogi.............56
    16. Vaflet falafel og hummus........................60
    17. Vaflet tun Niçoise salat..........................63
    18. Krydskrydsede krabbekager...................67
    19. Vaflet soft-shell krabbe..........................71
    20. Vaflet Tamale-tærte................................73
    21. Vaflet mexicansk Migas..........................77
    22. Vaflede rejer Wontons.............................80
    23. Osteagtig vaffel Arancini........................84
    24. Zucchini-Parmesan Fritters....................87
    25. Vaflede Tostones.....................................90

26. Vaflede pommes frites..94
27. Vaflede løgringe..97
28. Vaflede havregrynssmåkager...............................100
29. Red Velvet Ice Cream Vaffel.................................103
30. Vaflet bananbrød...107
31. Vaflede S'mores..111
32. Kærnemælk Majsmel Vafler..............................114
33. Chokolade vafler..117
34. Vafler med pocheret rabarber............................121
35. Soufflévafler med tre oste..................................125
36. Kærnemælksvafler...128
37. Belgiske vafler..131
38. Flerkornsvafler...134
39. Boghvede vafler...137
40. Vafler frugt & ahornsirup....................................140
41. Polenta & Purløg vafler......................................143
42. Krydrede ostevafler...146
43. Kylling & vafler..149
44. Vafler med citron og valmuefrø.........................152
45. Ricotta & hindbærvafler.....................................155
46. Banan vafler...158
47. Chokolade vafler..161
48. Kanel-sukker vafler...164
49. Jordbær-Shortcake vafler...................................167

PANDEKAGER..170

50. Rød fløjlspandekager..171
51. Mørk chokolade pandekager.............................174
52. Pandekager med ananas på hovedet................178
53. Citronmarengspandekager................................181
54. Kanelrullepandekager..185
55. Kefir pandekager...189
56. Cottage cheese pandekager...............................192
57. Havregrynspandekager......................................195

58. 3-Ingrediens pandekager...198
59. Mandelsmør pandekager...201
60. Tiramisu pandekager...204
61. Citron blåbær pandekager......................................208
62. Quinoa pandekager...212
63. Græsk yoghurt havregrynspandekager.................215
64. Honningkage pandekager.....................................218
65. Græske yoghurt pandekager................................221
66. Havregryn rosin småkage pandekager..................224
67. Jordnøddesmør og gelépandekager.....................228
68. Bacon pandekager...231
69. Hindbær mandel pandekager...............................235
70. Jordnødde-, banan- og chokoladepandekager........239
71. Vanilje kokos pandekager....................................242
72. Chokolade kokos mandel pandekager..................246
73. Strawberry shortcake pandekager........................250
74. Jordnøddesmør kop pandekager..........................254
75. Mexicanske chokolade pandekager......................257
76. Fødselsdags overraskelsespandekager..................260
77. Grønne monster pandekager................................263
78. Vanilje matcha pandekager..................................266
79. Piña colada pandekager.......................................269
80. Kirsebærmandelpandekager.................................272
81. Key lime pandekager..275
82. Græskar krydderi pandekager..............................278
83. Chokolade banan pandekager..............................281
84. Vanilje mandel pandekager..................................284
85. Funky abe pandekager...287
86. Vanilje pandekager...290
87. Blåbær mango pandekager..................................293
88. Mokka pandekager...296
89. Chai pandekager...299
90. Gulerodskage pandekager...................................302
91. Honning bananpandekager..................................305

92. Banan blåbær pandekager....................................308
93. Æble kanel pandekager..311
94. Jordbær cheesecake pandekager............................314
95. Blåbær pandekager..317
96. Jordbær bananpandekager....................................320
97. Fersken og flødepandekager.................................323
98. Bananbrød pandekager...326
99. Tropiske pandekager...329
100. Perfekte pandekager...332

KONKLUSION..335

INDLEDNING

Det kan være en udfordring for mange at beslutte sig for, om man vil nyde sødmen fra pandekager eller vafler til morgenmad.

Som dagens vigtigste måltid skal din valgte morgenmad selvfølgelig give energi til dine daglige aktiviteter.

Pandekager og vafler er begge alsidige muligheder, der kan nydes med et udvalg af søde og salte toppings.

På trods af de lignende måder, hvorpå de kan indtages, og de ingredienser, der bruges til at lave dem, er pandekager og vafler ikke de samme.

Perfekt tilberedte pandekager skal have en sprød kant og luftig midte. Vafler på den anden side har et sprødt ydre og sejt midte.

De er også synligt forskellige. Pandekager har altid en tendens til at være runde, hvorimod vafler kan være runde eller firkantede.

Hvis du er nysgerrig efter, hvad der gør vafler og pandekager forskellige fra hinanden, er denne bog til dig!

VAFFLER

1. Blåbær kanel mufler

UDBYTTE: Ca. 16 muffer

Ingredienser

- 2 kopper universalmel
- ¼ kop granuleret sukker
- 1 tsk stødt kanel
- ½ tsk salt
- 2 tsk bagepulver
- 2 kopper mælk ved stuetemperatur
- 8 spsk (1 pind) usaltet smør, smeltet
- 2 store æg
- 1 kop frosne vilde blåbær
- Nonstick madlavningsspray

Vejbeskrivelse

a) Forvarm vaffeljernet på medium.

b) I en mellemstor skål kombineres mel, sukker, kanel, salt og bagepulver.

c) Kombiner mælk, smør og æg i en stor skål og pisk, indtil det er grundigt kombineret.

d) Tilsæt de tørre ingredienser til mælkeblandingen og pisk, indtil det netop er blandet.

e) Vend blåbærene i og rør forsigtigt rundt for at fordele dem jævnt.

f) Beklæd begge sider af vaffeljernsgitteret med nonstick-spray og hæld ca. ¼ kop af blandingen i hver sektion af vaffeljernet. Luk låget og kog i 4 minutter, eller indtil de er lige gyldenbrune.

g) Fjern mufflerne fra vaffeljernet, og lad dem køle lidt af på en rist. Gentag trin 6 med den resterende dej.

h) Serveres varm.

2. Vaflet skinke og ost smeltes

UDBYTTE: Serverer 1

Ingredienser

- 1 spsk usaltet smør, ved stuetemperatur
- 2 skiver sandwichbrød
- 2 ounce Gruyère ost, skåret i skiver
- 3 ounce Schwarzwald skinke, skåret i skiver
- 1 spsk ahornsmør

Vejbeskrivelse

a) Forvarm vaffeljernet på lavt niveau.

b) Smør et tyndt, jævnt lag smør på den ene side af hvert stykke brød.

c) Læg ost og skinke på den smurte side af en skive brød, og læg smørrebrødet i vaffeljernet så langt væk fra hængslet som muligt.

d) Læg den anden skive brød ovenpå, med den smurte side opad, og luk vaffeljernet.

e) Tjek sandwichen efter 3 minutter. Cirka halvvejs skal du muligvis dreje sandwichen 180 grader for at sikre jævnt tryk og tilberedning.

f) Hvis du vil, kan du trykke låget på vaffeljernet lidt ned for at komprimere sandwichen, men gør det forsigtigt - låget kan være meget varmt. Fjern sandwichen fra vaffeljernet, når brødet er gyldenbrunt og osten er smeltet.

g) Fordel ahornsmørret på ydersiden af sandwichen. Skær i halve diagonalt og server.

3. Vaflet Hash Browns med rosmarin

UDBYTTE: Serverer 2

Ingredienser

- 1 rødbrun (bage) kartoffel, omkring 10 ounce, skrællet og strimlet
- ½ tsk finthakket frisk rosmarin eller 1 tsk tørret rosmarin
- ¼ tsk salt
- ½ tsk friskkværnet sort peber
- 1 tsk usaltet smør, smeltet
- Revet ost, creme fraiche eller ketchup til servering

Vejbeskrivelse

a) Forvarm vaffeljernet på medium.

b) Pres den revne kartoffel med et håndklæde, indtil den er så tør, som du kan klare.

c) Kombiner den strimlede kartoffel, rosmarin, salt og peber i en røreskål.

d) Fordel smørret på begge sider af vaffeljernet med en silikonebørste.

e) Læg de revne kartofler i vaffeljernet – prop vaffeljernet lidt over – og luk låget.

f) Efter 2 minutter skal du trykke lidt ned på låget for at presse kartoflerne yderligere sammen.

g) Tjek kartoflerne efter 10 minutter. De skal nogle gange lige begynde at blive gyldenbrune.

h) Når kartoflerne er gyldenbrune hele vejen igennem, 1 til 2 minutter mere, skal du forsigtigt fjerne dem fra vaffeljernet.

i) Server med revet ost, creme fraiche eller ketchup.

4. Grønne Chile-vaflede Quesadillas

UDBYTTE: Giver 2 quesadillas

Ingredienser

- Nonstick madlavningsspray
- 4 mel tortillas
- 1 kop revet mexicansk ost, såsom queso Chihuahua eller Monterey Jack
- ¼ kop hakket grøn chili på dåse

Vejbeskrivelse

a) Forvarm vaffeljernet på medium. Beklæd begge sider af vaffeljernsgitteret med nonstick-spray.

b) Placer en tortilla på vaffeljernet, og pas på, fordi vaffeljernet er varmt, fordel halvdelen af osten og halvdelen af de grønne chili jævnt ud over tortillaen, og efterlad en margen på en tomme eller deromkring omkring kanten af tortillaen. Top med endnu en tortilla og luk vaffeljernet.

c) Tjek quesadillaen efter 3 minutter. Når osten er smeltet og tortillaen har gyldenbrune vaffelmærker, er den klar. Fjern quesadillaen fra vaffeljernet.

5. Vaflet cubansk sandwich

UDBYTTE: Serverer 2

Ingredienser

- 1 sprød sandwichrulle eller individuelt ciabattabrød
- 1 spsk gul sennep
- 3 ounce kogt skinke, skåret i tynde skiver
- 3 ounce kogt svinekam, i tynde skiver
- 3 ounce schweizisk ost, i tynde skiver
- 2 dild pickles, skåret i tynde skiver på langs

Vejbeskrivelse

a) Forvarm vaffeljernet på lavt niveau.

b) Del brødet i øverste og nederste halvdele, udhul det lidt for at give plads til kødet, og fordel sennepen på begge skiver. Saml skinke, svinekam, ost og pickles mellem brødstykkerne.

c) Tryk ned på sandwichen for at komprimere den lidt og læg den i vaffeljernet, så langt væk fra hængslet som muligt.

d) Luk låget på vaffeljernet og kog i 5 minutter. Cirka halvvejs skal du muligvis dreje sandwichen 180 grader for at sikre jævnt tryk og tilberedning. Hvis du vil, kan du trykke låget på vaffeljernet lidt ned for at komprimere sandwichen, men gør det forsigtigt - låget kan være meget varmt.

e) Fjern sandwichen fra vaffeljernet, når osten er gennemsmeltet. Skær sandwichen i halve eller diagonalt og server.

6. Vaflet Croque Madame

UDBYTTE: Serverer op til 6

Ingredienser

- 1 stykke halvmånedej eller Briochedej
- 1 spsk usaltet smør, smeltet
- 3 spsk Béchamelsauce
- 2 skiver Schwarzwaldskinke
- ¼ kop revet Gruyère ost
- 1 stort æg

Vejbeskrivelse

a) Forvarm vaffeljernet på medium.
b) Skær dejen i halve for at lave to trekanter. Form trekanterne til en firkant på 4 til 5 tommer på hver side og pres kanterne forsigtigt sammen.
c) Brug en silikonebørste, beklæd begge sider af den ene del af vaffeljernet med det smeltede smør, læg dejen på den del af vaffeljernet, luk låget og kog dejen, indtil den er gyldenbrun, cirka 3 minutter.
d) Fjern dejen fra vaffeljernet og kom over på et skærebræt eller en tallerken.

e) Hæld Béchamel Saucen på den vaflede dej. (Sovsen vil for det meste samle sig i divoterne.) Læg derefter skinken ovenpå. Drys den revne ost ovenpå. Læg den samlede stak i vaffeljernet og luk låget i 10 sekunder for at smelte osten og blande lagene. Fjern stakken fra vaffeljernet.

f) Knæk et æg i en lille kop eller ramekin. Dette vil give dig kontrol over, hvordan ægget lander på vaffeljernet. Pensl det resterende smeltede smør på den nederste rist af den ene sektion af vaffeljernet og hæld ægget på den sektion. Kog, uden at lukke låget, til hviden har sat sig, cirka 1 minut, og fortsæt tilberedningen indtil blommen har sat sig en smule, 1 eller 2 minutter.

g) For at fjerne ægget intakt skal du bruge en forskudt spatel eller et par varmebestandige silikonespatler til at lokke det fra vaffeljernets gitter. Løsn først kanterne, og løft derefter ægget ud, mens du støtter det nedefra så meget som muligt.

h) Top sandwichen med ægget og server varm.

7. Klassisk vaffelburger med ost

UDBYTTE: Serverer 4

Ingredienser

- Nonstick madlavningsspray
- 1 pund hakket oksekød
- ½ tsk salt
- 1 tsk friskkværnet sort peber
- 4 skiver amerikansk, cheddar- eller gruyère-ost (valgfrit)
- 4 butikskøbte eller hjemmelavede hamburgerboller
- Ketchup, sennep, salat, tomat og pickles, til servering

Vejbeskrivelse

a) Forvarm vaffeljernet på medium. Beklæd begge sider af vaffeljernsgitteret med nonstick-spray.

b) Krydr oksekødet med salt og peber, og form det til 4 bøffer, hver omtrent i form af bollerne.

c) Læg så mange bøffer, som der er plads til i vaffeljernet, luk låget, og steg, indtil oksekødet når en indre temperatur på 160°F på et øjeblikkeligt termometer, 3 minutter.

d) Når frikadellerne er kogt, tages de af vaffeljernet. Hvis du gerne vil have en vaffelburger med ost, så lad en patty stå i vaffeljernet, toppe med osten og luk låget for at vafle meget kort – cirka 5 sekunder.

e) Gentag trin 3 og 4 med eventuelle resterende bøffer.

f) Server på en bolle med ketchup, sennep, salat, tomat og pickles.

8. Vaflet Portobello-svamp

Udbytte: Serverer 1

Ingredienser

- ¼ kop ekstra jomfru olivenolie
- ¼ kop olie med neutral smag, såsom raps
- 1 spsk italienske urter (eller 1 tsk hver tørret rosmarin, tørret basilikum og tørret oregano)
- ¼ tsk salt
- ¼ tsk friskkværnet sort peber
- 2 Portobello-svampe, stængler knækket af og kasseret

Vejbeskrivelse

1. Kombiner olierne, krydderurterne, salt og peber i en lav skål eller dyb tallerken. Rør rundt for at fordele krydderurterne jævnt.
2. For at forberede svampene skal du tage gællerne ud med en ske og tørre svampehætten af med et fugtigt køkkenrulle for at fjerne snavs.
3. Læg svampehætterne i olieblandingen og mariner i mindst 30 minutter, og vend dem omkring halvvejs.
4. Forvarm vaffeljernet på medium.
5. Læg svampene med hætten opad i vaffeljernet og luk låget.
6. Tjek svampene efter 5 minutter. Hættene skal være bløde og gennemstegte. Fjern svampene fra vaffeljernet og server.

9. Vaffelfilet Mignon

UDBYTTE: Serverer 2

Ingredienser

- 2 tsk groft havsalt eller kosher salt
- 2 tsk friskkværnet sort peber
- 8 ounce filet mignon, omkring 1½ inches tyk
- Nonstick madlavningsspray

Vejbeskrivelse

a) Forvarm vaffeljernet højt.
b) Hæld salt og peber på en tallerken, bland for at fordele jævnt, og beklæd bøffen med blandingen på begge sider.
c) Beklæd begge sider af vaffeljernsgitteret med nonstick-spray. Læg bøffen på vaffeljernet så langt væk fra hængslet som muligt. (Dette gør, at låget kan trykke mere jævnt ned på kødet.) Luk låget og steg i 8 minutter.
d) Hvis du har et øjeblikkeligt termometer, så tjek temperaturen på bøffen efter 8 minutter. For et steak-tilberedt medium skal temperaturen være 140°F. (En temperatur på 130°F vil give dig en medium-sjælden bøf; 155°F er gennemstegt.)
e) Fjern bøffen og læg den på et skærebræt. Lad vaffeljernet stå, hvis du skal tilberede bøffen lidt mere.
f) Lad bøffen hvile i flere minutter, før du skærer den i to og kontrollerer, om den er færdig. Hvis det er gjort til din tilfredshed, sluk for vaffeljernet og server.
g) Hvis du gerne vil have det mindre sjældent, så sæt det tilbage i vaffeljernet og tjek efter endnu et minut.

Lad bøffen hvile endnu en gang inden servering.

10. Chokoladefyldt fransk toast

UDBYTTE: Serverer 2

Ingredienser

- 2 store æg
- ½ kop mælk
- ¼ tsk ren vaniljeekstrakt
- Knip salt
- 4 skiver brød
- Nonstick madlavningsspray
- ½ kop chokoladechips
- 1 spsk pisket smør
- Pulversukker, efter smag

Vejbeskrivelse

a) Forvarm vaffeljernet højt. Forvarm ovnen på den laveste indstilling.

b) I en tærteform eller dyb tallerken piskes æg, mælk, vanilje og salt sammen.

c) Læg 2 skiver brød i æggeblandingen og læg dem i blød, indtil de har absorberet noget af væsken, 30 sekunder. Vend skiverne og læg dem i blød i yderligere 30 sekunder.

d) Beklæd begge sider af vaffeljernsgitteret med nonstick-spray.

Læg en skive opblødt brød på vaffeljernet og læg lidt mindre end halvdelen af chokoladestykkerne på skiven. Top med den anden skive opblødt brød, luk vaffeljernet, og kog indtil brødet er gyldenbrunt og chokoladen er smeltet, 3 til 4 minutter. Der må ikke være spor af ukogt æggeblanding.

e) Fjern fransk toast fra vaffeljernet og gentag trin 3 og 4 for at lave den anden batch. Sæt den færdige franske toast i ovnen for at holde den varm.

f) Skær fransk toast i kvarte. Åbn "lommen" i hvert kvarter og prop de resterende chokoladechips ind i åbningen. Den resterende varme vil smelte chokoladen.

g) Top hver portion med det piskede smør og drys med flormelis før servering.

11. Spaghetti og vaflede frikadeller

UDBYTTE: Serverer 4

Ingredienser

Marinara sauce og pasta:
- 4 fed hvidløg, usrællede
- 2 spiseskefulde ekstra jomfru olivenolie, plus mere til servering
- 2 dåser (28 ounce hver) hele blommetomater
- ¼ tsk rød peberflager
- Salt og friskkværnet sort peber efter smag
- 12 ounce spaghetti

Vaflede frikadeller:
- 1-pund magert hakkebøf eller kalkun
- 10 ounce frossen hakket spinat, optøet og presset tør
- 1 stort æg, let pisket
- ¼ kop almindeligt brødkrummer
- ¼ kop finthakket løg
- ¼ kop revet parmesanost plus mere til servering
- 2 fed hvidløg, hakket
- ½ tsk salt
- Nonstick madlavningsspray

Vejbeskrivelse

a) Lav marinarasaucen: Skær hvert fed hvidløg i to og flad det med den flade side af et knivblad, tryk ned med håndfladen for at knuse hvidløget. Fjern hvidløgsskallen. (Den skulle let komme af.)
b) Kom de 2 spsk olivenolie og de knuste hvidløgsfed i en stor gryde ved middel-lav varme. Kog indtil hvidløget er duftende og lige begyndt at blive gyldent, cirka 3 minutter.
c) Mens hvidløget koger, drænes tomaterne delvist ved kun at hælde væsken fra toppen af dåsen. Brug en gaffel eller en køkkensaks til at rive tomaterne i store, ujævne bidder i dåsen.
d) Tilsæt tomater og rød peberflager i gryden, og pas på at undgå sprøjt, når tomaterne møder den varme olie.
e) Kog over medium varme, indtil saucen begynder at boble, cirka 5 minutter. Lad det simre ved middel-lav varme, under omrøring af og til, indtil tomaterne bryder sammen, 45 minutter. Du skal stå tilbage med en tyk, noget tyk sauce. Smag til og juster krydderiet ved at tilsætte salt og peber.

f) Lav pastaen: Bring en stor gryde vand i kog ved høj varme.
g) Forvarm vaffeljernet på medium. Forvarm ovnen på den laveste indstilling.
h) Mens saucen simrer, og pastavandet koger, laver du frikadellerne: I en stor røreskål kombineres alle ingredienserne til frikadellerne, undtagen madlavningssprayen, og blandes godt.
i) Form blandingen til 16 kugler og læg dem på et skærebræt dækket med voks- eller bagepapir.
j) Tilsæt spaghettien til det kogende vand og kog efter pakkens anvisning. Dræn og hold varmt.
k) Beklæd begge sider af vaffeljernsgitteret med nonstick-spray. Læg så mange frikadeller, som der er plads til, på vaffeljernet, og efterlad lidt plads til hver enkelt at udvide sig, når det er fladt.
l) Luk låget og steg til frikadellerne er brune udenpå og gennemstegte, 6 minutter. Du skal muligvis skære i en for at sikre, at der ikke er spor af pink tilbage. Hvis du har et termometer med øjeblikkelig aflæsning, skal oksekød være mindst 160°F, og kalkun skal være mindst 165°F.

m) Fjern frikadellerne fra vaffeljernet. Gentag trin 11 og 12 for at tilberede de resterende frikadeller. Hvis de øvrige komponenter ikke er klar endnu, så hold frikadellerne varme i den forvarmede ovn.
n) Server en generøs portion pasta med 4 vaflede frikadeller, sparsomt toppet med sauce. Dryp med ekstra jomfru olivenolie og drys med parmesan. Server ekstra sauce ved bordet.

12. Vaflet makaroni og ost

UDBYTTE: Serverer 8

Ingredienser

- Tilberedt makaroni og ost
- 2 store æg
- Knip hver af salt og friskkværnet sort peber
- 1 kop universalmel
- 1 kop krydret brødkrummer
- ¼ kop revet hård ost, såsom Parmesan eller Pecorino Romano
- Nonstick madlavningsspray

Vejbeskrivelse

a) Skær makaroni og ost i skiver omkring ½ tomme tykke.
b) Forvarm vaffeljernet på medium. Forvarm ovnen på den laveste indstilling.
c) I en lille skål piskes ægget med en knivspids salt og peber.
d) Sæt 3 lave skåle frem. Mål melet ind i den første. Læg de sammenpiskede æg i den anden skål. Bland brødkrummerne med osten i den tredje.
e) Tag en skive af makaroni og ost, og håndtering det forsigtigt, læg melet på

begge sider. Dunk derefter begge sider i ægget. Til sidst beklædes begge sider med brødkrummerne, og tryk blandingen, så den klistrer. Læg skiven til side og gentag med de resterende skiver.

f) Beklæd begge sider af vaffeljernsgitteret med nonstick-spray. Læg makaroni- og osteskiverne i vaffeljernet, luk låget, og kog indtil de er gennemvarme og gyldenbrune, 3 minutter.

g) Udvindingsprocessen kan være vanskelig. Med en silikonespatel løsnes kanterne af makaroni og ost. Brug spatelen til forsigtigt at lirke makaroni og ost fra vaffeljernet og støt så bunden med spatelen, mens du løfter den ud med en tang.

h) Gentag trin 5 til 7, indtil al makaroni og ost er vaflet. Hold den færdige makaroni og ost varm i ovnen.

13. Ristet ost Wavioli

UDBYTTE: Serverer 2

Ingredienser
- ½ kop mælk
- 1 stort æg
- 1 spsk ekstra jomfru olivenolie
- 1 kop krydret brødkrummer
- ½ tsk salt
- ½ tsk hvidløgspulver
- ½ pund ost ravioli, afkølet
- Nonstick madlavningsspray
- 1 kop marinara sauce

Vejbeskrivelse

a) Forvarm vaffeljernet på medium. Dæk en bageplade med voks eller bagepapir og stil den til side. Forvarm ovnen på den laveste indstilling.

b) I en lille skål piskes mælk, æg og olivenolie sammen.

c) I en anden lille skål kombineres brødkrummer, salt og hvidløgspulver.

d) Dyp først ravioli i mælkeblandingen, beklæd begge sider, dyp derefter i brødkrummeblandingen, tryk blandingen, så den klistrer. Læg de overtrukne ravioli på den forberedte bageplade.

e) Beklæd begge sider af vaffeljernsgitteret med nonstick-spray. Opvarm marinarasaucen i en lille gryde ved middel varme eller i mikroovnen i 1 minut.

f) Læg så mange ravioli, der passer, i vaffeljernet, luk låget, og kog i 2 minutter, eller indtil de er sprøde og ristede.

g) Fjern raviolien fra vaffeljernet og gentag trin 6 med de resterende ravioli. Hold den færdige ravioli varm i ovnen.

h) Server med marinara saucen til dypning.

14. Vaflet sød kartoffel gnocchi

Gør omkring 60 gnocchi

Ingredienser

- 1 stor bagekartoffel (såsom rødbrun) og 1 stor sød kartoffel (ca. 1½ pund i alt)
- 1¼ kopper universalmel, plus mere til at mele arbejdsfladen med
- ½ kop revet parmesanost
- 1 tsk salt
- ½ tsk friskkværnet sort peber
- Et skvæt revet muskatnød (valgfrit)
- 1 stort æg, pisket
- Nonstick madlavningsspray eller smeltet smør
- Pesto eller vaffelsalvie og smørsauce

Vejbeskrivelse

a) Forvarm ovnen til 350°F.

b) Bag kartoflerne, indtil de let gennembores med en gaffel, cirka en time. Lad kartoflerne køle lidt af, og pil dem derefter.

c) Før kartoflerne gennem en madmølle eller en riser eller riv dem over de store huller på et rivejern og ned i en stor skål.

d) Tilsæt $1\frac{1}{4}$ kopper mel til kartoflerne og brug dine hænder til at blande dem sammen, og bryd eventuelle kartoffelklumper op undervejs. Drys ost, salt, peber og muskatnød over dejen og ælt let for at fordele den jævnt.

e) Når mel og kartofler er blandet, lav en brønd i midten af skålen og tilsæt det sammenpiskede æg. Brug fingrene til at arbejde ægget igennem dejen, indtil det begynder at samle sig. Det vil være lidt klistret.

f) Ælt forsigtigt dejen et par gange på en let meldrysset overflade for at samle den. Det skal være fugtigt, men ikke vådt og klistret. Hvis det er for klistret, tilsæt 1 spsk mel ad gangen, op til $\frac{1}{4}$ kop.

Rul dejen til en bjælke og skær den i 4 stykker.

g) Rul hvert stykke til et reb omkring diameteren af din tommelfinger og brug derefter en skarp kniv til at skære i 1-tommers segmenter.

h) Forvarm vaffeljernet på medium. Beklæd begge sider af vaffeljernsgitteret med nonstick-spray, eller smør gitrene med en silikonebørste. Skru ned for ovnen til laveste indstilling og stil en bageplade til side for at holde den færdige gnocchi varm.

i) Ryst forsigtigt eventuelt resterende mel af gnocchierne og læg en omgang på vaffeljernet, så der er lidt plads til hver enkelt at udvide sig.

j) Luk låget og kog indtil gittermærkerne på gnocchierne er gyldenbrune, 2 minutter. Gentag med de resterende gnocchi, og hold de kogte gnocchier varme på bagepladen i ovnen.

k) Serveres varm med pestosauce eller vaffelsalvie og smørsauce.

15. Presset kartoffel og ost Pierogi

UDBYTTE: Serverer 4

Ingredienser

Dej:
- 2¼ kopper universalmel, plus mere til afstøvning af arbejdsfladen efter behov
- ½ tsk salt
- 2 store æg
- ⅓ kop vand, eller mere efter behov

Fyldning:
- 1-pund rødbrune (bage) kartofler, skrællet og skåret i 1-tommers terninger
- ½ kop revet cheddarost
- 2 spsk usaltet smør
- 1 tsk salt
- 1 tsk friskkværnet sort peber
- Nonstick madlavningsspray

Vejbeskrivelse

a) Lav dejen: Kombiner de 2¼ kopper mel og salt i en stor skål.

b) I en lille skål piskes æggene og ⅓ kop vand sammen. Tilsæt æggene til melblandingen og bland dejen med en træske eller hænderne til den kan formes til en kugle.

c) Pak dejkuglen ind i plastfolie og stil den i køleskabet i 30 minutter.

d) Imens laver du fyldet: Læg kartoflerne i en mellemstor gryde, dæk dem med koldt vand og bring det i kog, tildækket, ved middelhøj varme. Når vandet koger, tages låget af og kartoflerne simre ved svag varme, indtil de er bløde og let gennembores med en kniv, cirka 10 minutter. Dræn kartoflerne i et dørslag.

e) Kom kartoflerne over i en stor skål, og mos dem sammen med revet ost, smør, salt og peber. Lad blandingen afkøle til stuetemperatur.

f) Støv generøst en arbejdsflade med mel og form den afkølede dej til en rulle, der er cirka 24 tommer lang.

g) Skær dejen i 24 lige store portioner og form en kugle ud af hver portion dej.

h) Flad en dejkugle med hånden. Med en kagerulle ruller du dejen til en ru cirkel og gør den så tynd som du kan, samtidig med at den er nem at håndtere. Placer en dyngede teskefuld af fyldet i midten, efterlad en kant på ikke mere end ½ tomme. Fold pierogien på midten og krymp kanterne med en gaffel.

i) Stil den færdige pierogi på en meldrysset overflade, dæk med plastfolie eller et rent fnugfrit håndklæde, og gentag med resten af dejen og fyldet.

j) Forvarm vaffeljernet på medium. Forvarm ovnen på den laveste indstilling.

k) Beklæd begge sider af vaffeljernsgitteret med nonstick-spray, læg så mange pierogi, som der er plads til i vaffeljernet, og luk låget.

l) 1Vafl indtil dejen er kogt og pierogierne er lys gyldenbrune, 3 minutter. Fjern den kogte pierogi.

16. Vaflet falafel og hummus

UDBYTTE: Serverer 4

Ingredienser

- 1 kop tørrede kikærter, plukket og udblødt i vand natten over i køleskabet
- ½ lille løg, hakket groft
- 3 fed hvidløg
- ¼ kop hakket frisk fladbladet persille
- 2 spsk ekstra jomfru olivenolie
- 2 spsk universalmel
- 1 tsk salt
- 1 tsk stødt spidskommen
- ½ tsk stødt koriander
- ¼ tsk bagepulver
- ¼ tsk friskkværnet sort peber
- ¼ tsk cayennepeber
- Nonstick madlavningsspray
- Perfekt glat hummus
- 4 lommer pitabrød

Vejbeskrivelse

a) Forvarm vaffeljernet på medium. Forvarm ovnen på den laveste indstilling.

b) Dræn de udblødte kikærter og kom dem med løg og hvidløg i en foodprocessor. Puls indtil blandet, men ikke pureret.

c) Tilsæt persille, olivenolie, mel, salt, spidskommen, koriander, bagepulver, sort peber og cayennepeber, og pulsér, indtil det meste er glat.

d) Beklæd begge sider af vaffeljernsgitteret med nonstick-spray. For hver favaffel skal du placere ca. $\frac{1}{4}$ kop dej i vaffeljernet, så der er lidt plads mellem kuglerne, så hver enkelt kan udvide sig.

e) Luk låget på vaffeljernet og kog i 5 minutter før du tjekker. Fjern favlerne, når de er gennemstegte og jævnt brunede.

f) Gentag trin 4 og 5 med den resterende dej.

g) Hold de færdige favler varme i ovnen. Server dem med hummus og pitabrød.

17. Vaflet tun Niçoise salat

UDBYTTE: Serverer 2

Ingredienser

- 2 store æg
- ½ kop grønne bønner, med spidser afklippet
- 4 nye kartofler, skåret i halve
- Salt
- Nonstick madlavningsspray
- 1 frisk tunbøf (ca. 8 ounces)
- 3 kopper vasket grøntsalat
- ¼ kop udstenede eller hele skiver sorte oliven, såsom Niçoise eller Kalamata
- ½ kop hele eller halverede cherry- eller vindruetomater
- Friskkværnet sort peber efter smag
- Dijon vinaigrettedressing

Vejbeskrivelse

a) Kog æggene: Læg æggene i en lille gryde og fyld den til to tredjedele med vand. Bring vandet i kog over middelhøj varme, sluk derefter for varmen, tag gryden ud af blusset og dæk den til. Lad det hvile i 10 minutter. Kør æggene under koldt vand i et minut for at afkøle dem, og sæt dem til side.

b) Blancher de grønne bønner: Bring en lille gryde med saltet vand i kog, og dyk de grønne bønner i 30 sekunder. Fjern dem og læg dem i et is-vandbad for at stoppe tilberedningen. Fjern de grønne bønner fra isvandet efter 1 minut og stil til side.

c) Kog kartoflerne: Læg kartoflerne i en lille gryde og dæk med mindst en tomme vand. Tilsæt en generøs knivspids salt til vandet og bring det i kog ved middelhøj varme. Når vandet koger, sænk varmen til lav og lad kartoflerne simre i 10 minutter. De er klar, når de kan gennembores med det blide stik fra en kniv. Fjern kartoflerne, dræn dem i et dørslag og lad dem køle af.

d) Forvarm vaffeljernet højt. Beklæd begge sider af vaffeljernsgitteret med nonstick-spray.

e) Læg tunbøffen på vaffeljernet så langt væk fra hængslet som muligt. (Dette gør, at låget kan trykke mere jævnt ned på tunen.) Luk låget.

f) Mens tunen koger, læg en bund af salatgrønt på en stor serveringsfad. Pil æggene, skær dem i skiver eller kvarte dem og læg dem på salaten. Fordel grønne bønner, kartofler, oliven og tomater jævnt på salaten.

g) Tjek tunen. Efter 6 minutter skal en ¾ tomme tyk bøf være gennemstegt. Der må ikke være lyserødt på ydersiden. Du kan eventuelt skære tunen i halve for at se, om der er pink tilbage i midten. Et lyserødt skær kan være okay, selvom du måske foretrækker din tun mere gennemstegt. (USDA anbefaler, at det når 145 ° F på et øjeblikkeligt aflæst termometer; jeg kan lide mit omkring 125 ° F.)

h) Fjern tunen fra vaffeljernet og skær den i skiver omkring ½ tomme tykke. Anret skiverne på salaten, med vaffelmærkerne opad.

i) Drys salaten med salt og peber. Anret salaten sparsomt. Server resten af dressingen ved bordet.

18. Krydskrydsede krabbekager

UDBYTTE: Giver 4 krabbekager

Ingredienser

- 1 stort æg, pisket, med en knivspids salt
- Knip cayennepeber eller karrypulver
- ½ tsk friskkværnet sort peber eller citronpeber
- 1½ kopper klumpkrabbe (ca. 10 ounces)
- ½ kop almindeligt brødkrummer
- ¼ kop finthakket grøn peberfrugt
- 1 spsk hakket skalotteløg
- Nonstick madlavningsspray
- 1 citron i skiver til pynt
- ¼ kop Sriracha Mayonnaise , til servering

Vejbeskrivelse

a) Forvarm vaffeljernet højt. Forvarm ovnen på den laveste indstilling.

b) I en lille skål blandes ægget, cayennepeber og sort peber. Sæt til side.

c) I en mellemstor skål kombinerer du forsigtigt krabbe, brødkrummer, peberfrugt og hakket skalotteløg. Tilsæt æggeblandingen under omrøring forsigtigt for at inkorporere den jævnt i de tørre ingredienser.

d) Beklæd begge sider af vaffeljernsgitteret med nonstick-spray. Med et målebæger, øs ½ kop af blandingen ud og læg den i vaffeljernet.

e) Luk låget og kog indtil brødkrummerne er gyldenbrune og ingen væske tilbage, cirka 3 minutter.

f) Fjern krabbekagen fra vaffeljernet, drys den med en citronskive, og brug de ekstra skiver som pynt.

g) Gentag trin 4 og 5 for at lave de resterende 3 krabbekager. Hold de færdige krabbekager varme i ovnen.

h) Læg en spiseskefuld Sriracha-mayonnaise på hver krabbekage og server.

19. Vaflet soft-shell krabbe

UDBYTTE: Serverer 2

Ingredienser

- ½ kop universalmel
- 1 tsk skaldyrskrydderiblanding, såsom Old Bay
- 2 soft-shell krabber, renset ("påklædt")
- 2 spsk usaltet smør, smeltet

Vejbeskrivelse

a) Forvarm vaffeljernet højt.

b) Kombiner mel- og krydderblandingen i en lav skål eller dyb tallerken, såsom en tærteplade.

c) Dup en krabbe tør med køkkenrulle. Dryp krabben i melet, ryst det overskydende mel af over pladen, og sæt den belagte krabbe til side på et skærebræt.

d) Beklæd begge sider af vaffeljernsgitteret med det smeltede smør med en silikonebørste.

e) Læg den belagte krabbe på vaffeljernet, luk låget og kog i 3 minutter. Belægningen skal blive gyldenbrun.

20. Vaflet Tamale-tærte

UDBYTTE: Serverer 4

Ingredienser

Topping:
- 1 spsk ekstra jomfru olivenolie
- 1 stort løg, finthakket
- 1-pund hakket kalkun eller oksekød
- 1 jalapeñopeber, hakket (fjern frø for mindre varme)
- 1 tsk stødt spidskommen
- 1 dåse (15 ounce) knuste tomater
- Salt og friskkværnet sort peber efter smag

Skorpe:
- 1½ kop masa harina
- 1 tsk salt
- 1 tsk bagepulver
- ¼ tsk friskkværnet sort peber
- 1 kop mælk
- 4 spsk (½ pind) usaltet smør, smeltet
- 1 stort æg, pisket
- Nonstick madlavningsspray
- 1 kop revet skarp cheddarost

Vejbeskrivelse

a) Lav toppingen: Kom olivenolien i en stor stegepande og tilsæt løget. Sautér ved middel varme, indtil løget lige begynder at brune, cirka 5 minutter. Fjern løget og sæt det til side på en tallerken.

b) Smuldr kødet i den samme stegepande, brun det, indtil der ikke er spor af pink tilbage, cirka 5 minutter. Hæld det overskydende fedt fra og tilsæt det sauterede løg, jalapeño, spidskommen og tomater til gryden, indtil det lige er gennemvarmet, cirka 1 minut. Smag til og tilsæt salt og peber. Lad blandingen simre ved svag varme, mens du laver skorpen.

c) Forvarm vaffeljernet på medium.

d) Lav skorpen: Kombiner masa harina, salt, bagepulver og sort peber i en stor skål. Pisk mælken og det smeltede smør i en mellemstor skål, indtil det er blandet, og pisk derefter ægget i.

e) Tilsæt de våde ingredienser til de tørre ingredienser og rør for at kombinere. Dejen bliver meget tyk.

f) Beklæd begge sider af vaffeljernsgitteret med nonstick-spray. Del dejen i 4 lige store portioner, ca. ½ kop hver. Tag en del af dejen og dup den til en skive på størrelse med en del af vaffeljernet. Gentag med de resterende 3 portioner dej.

g) Læg skiverne på vaffeljernet, og dæk vaffeljernsgitteret helt. Luk låget og kog indtil det meste er sat, men ikke helt gyldenbrun, ca. 3 minutter.

h) Åbn vaffeljernet, læg et jævnt lag af toppingen ca. ½ tomme tykt hen over skorpen, og luk vaffeljernet i 1 minut. Åbn vaffeljernet endnu en gang, top med ost, og luk vaffeljernet i 20 sekunder for at smelte osten. Fjern tamaletærterne fra vaffeljernet og server.

21. Vaflet mexicansk Migas

UDBYTTE: Serverer 2

Ingredienser

- 4 store æg
- 1 lille tomat i tern (ca. ½ kop)
- ½ kop hakket løg
- ½ kop revet Cheddar- eller Monterey Jack-ost
- 1 lille jalapeñopeber, frøet og hakket
- 2 bløde majstortillas, skåret eller revet i cirka ½ tomme stykker
- ¼ tsk salt
- ¼ tsk friskkværnet sort peber
- Nonstick madlavningsspray

Vejbeskrivelse

a) Forvarm vaffeljernet på medium.

b) Pisk æggene i en mellemstor skål. Tilsæt resten af ingredienserne undtagen madlavningssprayen og rør kraftigt sammen.

c) Beklæd begge sider af vaffeljernsgitteret med nonstick-spray. Hæld noget af blandingen på hver sektion af vaffeljernet. Nogle ingredienser kan sætte sig i bunden af skålen, så sørg for at nå bunden af skålen for at få en god blanding.

d) Luk låget og kog indtil æggene ikke længere er flydende, 2 minutter.

e) Fjern migas fra vaffeljernet med en offset spatel eller et par varmebestandige silicium spatler, og server.

22. Vaflede rejer Wontons

UDBYTTE: Giver 16 wontons

Ingredienser

- 8 ounce kogte og kølede rejer (31-40 count eller 41-50 count), pillede, haler fjernet
- 1 stor æggehvide, let pisket
- ¼ kop finthakket spidskål, både grønne og hvide dele
- 1 fed hvidløg, hakket
- 2 tsk lys brun farin
- 2 teskefulde destilleret hvid eddike
- ½ tsk revet eller hakket frisk ingefær
- ¾ tsk salt
- ½ tsk friskkværnet sort peber
- 1 pakke wonton wrappers (mindst 32 wrappers), omkring 3½ tommer pr. side
- Nonstick madlavningsspray
- Ingefær-Sesam Dipping Sauce

Vejbeskrivelse

a) Hak rejerne fint, så de ender som nærmest en pasta. Hvis du vil bruge en foodprocessor, bør en halv snes hurtige pulser opnå dette. Læg de hakkede rejer i en mellemstor skål.

b) Tilsæt æggehvide, spidskål, hvidløg, sukker, eddike, ingefær, salt og peber til rejerne, rør for at blande grundigt, og sæt til side.

c) Forvarm vaffeljernet højt. Forvarm ovnen på den laveste indstilling.

d) For at danne dumplings skal du fjerne en wonton-indpakning fra pakken. Brug en wienerbrødsbørste eller en ren finger til at fugte alle 4 kanter af indpakningen. Læg en lille spiseskefuld af rejeblandingen i midten og top med en anden wonton-indpakning. Tryk langs kanterne for at forsegle. Læg den færdige wonton til side, dæk med et fugtigt håndklæde, og form resten.

e) Beklæd begge sider af vaffeljernsgitteret med nonstick-spray. Sæt så mange wontons på vaffeljernet, som det passer, og luk låget. Kog i 2 minutter før kontrol. Wonton-indpakningen skal miste sin *gennemsigtighed, og vaffelmærkerne skal være dybt gyldenbrune.*

f) Server wontons med ingefær-sesam-dipping sauce.

23. Osteagtig vaffel Arancini

UDBYTTE: Gør 8 arancini; tjener 4

Ingredienser

- 2 kopper kogte kortkornede hvide ris såsom Arborio, tilberedt i henhold til pakkens anvisninger og afkølet
- ½ kop revet parmesanost
- ¼ tsk salt
- ¼ tsk friskkværnet sort peber
- 3 store æg
- 2 ounce frisk mozzarella, skåret i 8 stykker
- 1 kop krydret brødkrummer
- Nonstick madlavningsspray

Vejbeskrivelse

a) Forvarm vaffeljernet på medium. Forvarm ovnen på den laveste indstilling.

b) Kombiner ris, parmesan, salt, peber og 1 af æggene i en mellemstor skål, og rør for at blande dem grundigt.

c) Med våde hænder danner du hver riskugle ved at tage en lille del af blandingen, klemme den fast til en kugle og fylde en klump mozzarella inde i kuglen. Osten skal være helt indkapslet i risene. Gentag denne proces for at danne 8 arancini-kugler og sæt dem til side.

d) Pisk de resterende 2 æg sammen i en lille skål. Sæt brødkrummerne i en lav skål eller dyb tallerken, såsom en tærteform. Dyp hver af arancinierne i æggeblandingen og derefter i brødkrummerne, og ryst eventuelt overskydende af. Håndter arancini forsigtigt.

e) Beklæd begge sider af vaffeljernsgitteret med nonstick-spray. Læg en kugle arancini i hver sektion af vaffeljernet, luk låget, og kog indtil arancinierne holder sammen som en sammenhængende enhed, 4 minutter.

f) Mens arancinien koger, opvarmes marinarasaucen i mikrobølgeovnen i 45 sekunder eller i en lille gryde på komfuret ved lav varme.

g) Fjern arancini fra vaffeljernet og gentag trin 5 og 6 med de resterende arancini. Hold den færdige arancini varm i ovnen.

h) Server arancini med den varme marinara sauce.

24. Zucchini-Parmesan Fritters

UDBYTTE: Serverer 4

Ingredienser

- 2 kopper strimlet zucchini (ca. 2 mellemstore zucchini)
- ½ tsk salt
- 1 stort æg
- ¼ kop mælk
- ½ kop revet parmesanost
- ½ kop universalmel
- ¼ tsk friskkværnet sort peber
- Nonstick madlavningsspray

Vejbeskrivelse

a) Læg zucchinien i en si eller et dørslag og drys med ¼ teskefuld salt. Lad det stå i 30 minutter. Skyl godt med koldt vand. Tryk for at fjerne overskydende væske fra zucchinien og tør derefter med et rent fnugfrit håndklæde eller køkkenrulle.

b) Forvarm vaffeljernet på medium. Forvarm ovnen på den laveste indstilling.

c) Pisk ægget i en stor skål og tilsæt derefter mælken og ¼ kop parmesan. Pisk godt sammen.

d) I en lille skål kombineres melet, den resterende ¼ tsk salt og peber. Bland godt og rør i den store skål med æggeblandingen. Tilsæt zucchinien og rør rundt, indtil det er godt blandet.

e) Beklæd begge sider af vaffeljernsgitteret med nonstick-spray. Læg afrundede spiseskefulde af zucchiniblandingen på vaffeljernet, og lad der være mellemrum mellem hver scoop, så fritterne kan spredes. Luk låget.

f) Kog indtil let brunet og gennemstegt, 3 minutter, og fjern det fra vaffeljernet.

g) Gentag trin 5 og 6 med den resterende dej. Hold de færdige fritter varme i ovnen.

h) Til servering toppes fritterne med den resterende ¼ kop parmesan.

25. Vaflede Tostones

UDBYTTE: Serverer 4

Ingredienser

- 2 liter olie med neutral smag, såsom raps, til stegning
- 2 gule plantains (en lille smule grøn er fint)
- Salt, efter smag
- Hvidløgsdyppesauce

Vejbeskrivelse

a) Hæld olien i en stor gryde eller hollandsk ovn, og sørg for at efterlade masser af plads i toppen af gryden. Olien må ikke komme mere end halvt op, ellers kan den boble over, når plantainerne tilsættes.

b) Bring olien til 350 ° F på et øjeblikkeligt termometer over medium varme.

c) Mens olien varmer, skrælles plantainerne. Skær hver ende af og skær derefter 3 slidser på langs langs plantainen. Lirk huden af med fingrene. Skær hver plantain i skiver omkring $\frac{1}{4}$ tomme tykke.

d) Forvarm vaffeljernet på medium. Varm et fad i ovnen på den laveste indstilling.

e) Når olien når omkring 350°F, vil en terning brød, der falder i olien, blive lysebrun på 60 sekunder. Steg plantainskiverne ved denne temperatur i 1 minut.

f) Efter et minut, tjek en plantain skive for at se, om den er færdig. Den skal have en lys gylden farve og kogt udenpå. Jo grønnere plantain er, jo længere tid tager det at stege - op til omkring 3 minutter.

g) Fjern de stegte plantains fra olien med en hulske, og afdryp dem på en tallerken beklædt med køkkenrulle. Lidt olie klæber sig til dem er fint – faktisk hjælper det, når de går i vaffeljernet.

h) Læg så mange stegte pisang, som der er plads til i et enkelt lag på vaffeljernet, så der er lidt plads til, at de kan udvide sig.

i) Tryk låget på vaffeljernet ned for at smadre plantainerne flade. Forsigtig: Låget kan være varmt.

j) Kog indtil plantainerne er dybt gyldenbrune og er bløde hele vejen igennem, 2 minutter.

k) Fjern pisangene fra vaffeljernet. Gentag trin 8 til 10 med de resterende plantains.

l) Læg færdige plantains på et lunt fad, og drys med salt. Server med hvidløgsdipsauce.

26. Vaflede pommes frites

UDBYTTE: Serverer 4

Ingredienser

- Nonstick madlavningsspray
- 4 spsk (½ pind) usaltet smør, smeltet
- 1 kop vand
- ½ tsk salt
- 2 kopper instant kartoffelflager
- Ketchup eller mayonnaise, til servering

Vejbeskrivelse

a) Forvarm vaffeljernet højt. Beklæd begge sider af vaffeljernsgitteret med nonstick-spray.

b) Bland det smeltede smør, vand og salt i en skål. Tilsæt kartoffelflagerne og rør blandingen grundigt. Lad det sidde mens vaffeljernet får den ønskede temperatur. Blandingen bliver ret tyk.

c) For hver vaffel stege lægges cirka en spiseskefuld kartoffelblanding i vaffeljernet. Anbring så meget af kartoffelblandingen som muligt på vaffeljernsgitteret, luk låget, og kog indtil dybt gyldenbrun, 3 minutter. Fjern fritterne og gentag, sprøjt eventuelt vaffeljernsgitteret igen, indtil du har brugt hele kartoffelblandingen.

d) Server fritterne med ketchup eller mayonnaise.

27. Vaflede løgringe

UDBYTTE: Serverer 4

Ingredienser

- 1½ kop universalmel
- ½ kop majsstivelse
- 1 spsk bagepulver
- 2 tsk salt
- 2 tsk granuleret sukker
- 1 tsk friskkværnet sort peber
- 1 tsk løgpulver
- 12 ounce pilsner-stil øl
- ¼ kop olie med neutral smag, såsom raps
- 1 stort løg, skåret i tynde skiver og derefter skåret i segmenter, der ikke er mere end 1 tomme lange
- Nonstick madlavningsspray

Vejbeskrivelse

a) Forvarm vaffeljernet på medium. Forvarm ovnen på den laveste indstilling.

b) Kombiner mel, majsstivelse, bagepulver, salt, sukker, peber og løgpulver i en stor skål og rør for at kombinere. Pisk øllet i. (Blandingen vil skumme.) Rør olien i og derefter løgene.

c) Beklæd begge sider af vaffeljernsgitteret med nonstick-spray.

d) Hæld cirka ¼ kop af dejen på vaffeljernet i form af en stor ring,

e) Din ring bliver ikke perfekt, men du kan bruge en silikonespatel til at skubbe nogle dele af dejen i form, før du lukker låget.

f) Kog i 4 minutter, eller indtil brun. Fjern løgringen fra vaffeljernet.

g) Gentag trin 3 og 4 for at lave resten af løgringene. Hold færdige løgringe varme i ovnen.

h) Serveres varm.

28. Vaflede havregrynssmåkager

UDBYTTE: Giver omkring 20 småkager

Ingredienser

- ½ kop usaltet smør, blødgjort
- ½ kop fast pakket lys brun farin
- 2 store æg
- 1 tsk ren vaniljeekstrakt
- ½ kop universalmel
- ½ tsk bagepulver
- ¼ tsk salt
- ¾ kop gammeldags havregryn
- ¾ kop semisweet mini chokolade chips
- Nonstick madlavningsspray

Vejbeskrivelse

a) Forvarm vaffeljernet på medium.
b) Pisk smør og farin i en stor skål med en elektrisk håndmikser, indtil det meste er glat.
c) Tilsæt æg og vanilje, og fortsæt derefter med at piske, indtil de er helt indarbejdet.
d) I en mellemstor skål kombineres mel, bagepulver og salt. Tilføj disse tørre ingredienser til de våde ingredienser og

bland, indtil der er få strimler af mel tilbage.
e) Tilsæt havregryn og chokoladechips og rør sammen.
f) Beklæd begge sider af vaffeljernsgitteret med nonstick-spray.
g) Læg en dynge spiseskefuld dej på hver vaffelsektion, så der er plads til, at småkagerne kan brede sig. Luk låget og kog indtil kagerne er stivnede og begynder at brune. Dette vil ikke tage særlig lang tid - 2 eller 3 minutter, afhængigt af varmen på dit vaffeljern. Småkagerne skal være bløde, når du fjerner dem, og vil stivne, når de afkøles.
h) Overfør kagerne til en rist til afkøling.
i) Gentag trin 6 til 8, indtil den resterende dej er vaflet.

29. Red Velvet Ice Cream Vaffel

UDBYTTE: Giver 8 sandwich

Ingredienser

- 1¾ kopper universalmel
- ¼ kop usødet kakao
- 1 tsk bagepulver
- 1 tsk salt
- 1 kop rapsolie
- 1 kop granuleret sukker
- 1 stort æg
- 3 spsk rød madfarve
- 1 tsk ren vaniljeekstrakt
- 1½ tsk destilleret hvid eddike
- ½ kop kærnemælk
- Nonstick madlavningsspray
- 1½ liter vaniljeis
- 2 kopper semisweet mini chokolade chips

Vejbeskrivelse

a) Forvarm vaffeljernet på medium.

b) I en mellemstor skål piskes mel, kakao, bagepulver og salt sammen. Sæt til side.

c) I skålen med en røremaskine eller med en elektrisk håndmikser i en stor skål, pisk olie og sukker ved medium hastighed, indtil det er godt blandet. Pisk ægget i. Skru ned for mixeren til lavt niveau, og tilsæt langsomt madfarve og vanilje.

d) Bland eddike og kærnemælk sammen. Tilsæt halvdelen af denne kærnemælksblanding til den store skål med olie, sukker og æg. Rør for at kombinere, og tilsæt derefter halvdelen af melblandingen. Skrab skålen ned og rør kun nok til at sikre, at der ikke er ublandet mel. Tilsæt resten af kærnemælksblandingen, rør rundt, og tilsæt derefter det sidste af melblandingen. Rør igen, lige nok til at sikre, at der ikke er ublandet mel.

e) Beklæd begge sider af vaffeljernsgitteret med nonstick-spray. Hæld nok dej i vaffeljernet til at dække risten, luk låget, og kog indtil vaflerne er faste nok til at fjerne dem fra vaffeljernet, 4 minutter.

f) Lad vaflerne køle lidt af på en rist. Brug en køkkensaks eller en skarp kniv til at adskille vaflerne i sektioner (sandsynligvis rektangler, kiler eller hjerter, afhængigt af dit vaffeljern). Gentag for at lave i alt 16 sektioner.

g) Mens vaffelsektionerne afkøles, stilles isen på bordet til at bløde i 10 minutter.

h) Når isen er blødgjort, skal du sætte halvdelen af vaffelsektionerne ud og bruge en spatel til at fordele is på ca. 1 tomme tyk på hver af dem. Top med de resterende sektioner for at lave 8 sandwich. Skrab eventuelt isoverløb af med en gummispatel for at gøre kanterne pæne.

i) Dunk derefter kanterne af isen i en skål eller et lavt fad fyldt med minichokoladechips.

j) Pak hver sandwich tæt ind i plastfolie, læg den i en pose med lynlås, og stil posen i fryseren i mindst 1 time, så isen kan stivne. Fjern en sandwich et par minutter før servering, så den bliver lidt blød.

30. Vaflet bananbrød

UDBYTTE: Giver 10 til 15 vaflede bananbrødsskiver

Ingredienser

- 1 kop plus 2 spsk granuleret sukker
- 1 tsk stødt kanel
- 3 mellemstore modne bananer, skåret i $\frac{1}{8}$-tommer tykke runder
- 8 spsk (1 pind) usaltet smør, blødgjort
- $\frac{1}{2}$ kop pakket lys brun farin
- 6 ounce flødeost, blødgjort, skåret i cirka 1-ounce stykker
- 2 store æg
- 1 tsk ren vaniljeekstrakt
- $1\frac{1}{2}$ kop universalmel
- $\frac{1}{2}$ kop ukogt gammeldags havre
- $1\frac{1}{2}$ tsk bagepulver
- $\frac{1}{4}$ tsk salt OG Nonstick madlavningsspray

Vejbeskrivelse

a) I en lille skål blandes 2 spsk perlesukker og kanel. Læg de skivede bananstykker i en lille skål, og drys dem derefter med kanel-sukkerblandingen. Rør for at fordele kanel-sukkerblandingen jævnt. Lad bananerne stå i 30 minutter.

b) Bland smørret, den resterende kop perlesukker og brun farin i skålen med en røremaskine, der er udstyret med paddle-tilbehøret eller med en elektrisk håndmikser. Tilsæt flødeosten og bland indtil den er helt indarbejdet i sukkerblandingen. Tilsæt æggene et ad gangen og bland indtil de netop er blandet i dejen. Tilsæt vaniljen og bland det godt sammen.

c) I en mellemstor røreskål kombineres mel, havre, bagepulver og salt. Når det er blandet, hældes melblandingen i smør- og sukkerblandingen. Bland, indtil de tørre ingredienser er helt blandet ind i de våde ingredienser, og skrab skålen ned for at sikre, at blandingen er grundigt blandet.

d) Hæld bananerne og eventuel ophobet væske i skålen, og fold forsigtigt sammen for at inkorporere dem.

e) Forvarm vaffeljernet på medium. Beklæd begge sider af vaffeljernsgitteret med nonstick-spray. Forvarm ovnen på den laveste indstilling.

f) Beklæd indersiden af en ⅓ kop målekop med nonstick-spray for at hjælpe med at frigøre dejen. Mål ⅓ kop dej op og hæld på det forvarmede vaffeljern. Luk låget og kog indtil bananbrødet er mørkt gyldenbrunt, 5 minutter.

g) Fjern det færdige stykke fra vaffeljernet og læg det på en rist for at køle lidt af. Gentag trin 6 med den resterende dej. Hold færdige stykker varme i ovnen.

31. Vaflede S'mores

UDBYTTE: Serverer 4

Ingredienser

- Nonstick madlavningsspray
- ½ kop hvidt fuldkornshvedemel
- ½ kop universalmel
- ¼ kop fast pakket mørk brun farin
- ½ tsk bagepulver
- ¼ tsk salt
- Knip stødt kanel
- 4 spsk (½ pind) usaltet smør, smeltet
- 2 spsk mælk
- ¼ kop honning
- 1 spsk ren vaniljeekstrakt
- ¾ kop halvsød chokoladechips
- ¾ kop mini skumfiduser

Vejbeskrivelse

a) Forvarm vaffeljernet på medium. Beklæd begge sider af vaffeljernsgitteret med nonstick-spray.

b) Kombiner mel, brun farin, bagepulver, salt og kanel i en røreskål. I en separat skål piskes det smeltede smør, mælk, honning og vanilje sammen.

c) Tilsæt de våde ingredienser til melblandingen og rør, indtil der dannes en dej.

d) Lad blandingen stå i 5 minutter. Den bliver meget tykkere end almindelig vaffeldej, men ikke så tyk som brøddej.

e) Mål ca. ¼ kop dej af og læg den på den ene del af vaffeljernet. Gentag med endnu en ¼ kop dej for at give dig en top og en bund til din s'moreffle sandwich.

f) Luk låget og kog, indtil de vaflede graham-kiks stadig er lidt bløde, men kogte hele vejen igennem, 3 minutter.

g) Fjern forsigtigt de vaflede graham-kiks fra vaffeljernet. De vil være ret bløde, så vær omhyggelig med at holde dem intakte. Lad dem køle lidt af. Gentag trin 5 til 7 med resten af dejen.

32. Kærnemælk Majsmel Vafler

UDBYTTE: 4 til 6 vafler; tjener 4

Ingredienser

- 1¾ kopper universalmel
- ¼ kop fintmalet majsmel
- 2 teskefulde bagepulver
- 1 tsk salt
- 2 store æg, adskilt
- 1¾ kopper kærnemælk
- 4 spsk usaltet smør, smeltet og afkølet
- 1 tsk ren vaniljeekstrakt
- Nonstick madlavningsspray
- Smør og ahornsirup, til servering

Vejbeskrivelse

a) Forvarm vaffeljernet på medium. Forvarm ovnen på den laveste indstilling.

b) I en stor skål piskes mel, majsmel, bagepulver og salt sammen. I en separat skål piskes æggeblommer, kærnemælk, smør og vanilje sammen.

c) Pisk æggehviderne i en mellemstor skål, indtil de holder bløde toppe.

d) Tilsæt de flydende ingredienser til de tørre ingredienser, mens du forsigtigt blander. Vend derefter æggehviderne i dejen.

e) Beklæd begge sider af vaffeljernsgitteret med nonstick-spray. Hæld dejen i vaffeljernet, luk låget, og kog indtil gyldenbrun, 3 til 5 minutter.

f) Fjern vaflen. For at holde den varm, læg den på en rist i ovnen. Gentag trin 5 for at lave resten af vaflerne.

g) Server med smør og ahornsirup.

33. Chokolade vafler

Gør 8 til 10

Ingredienser

- 7 ounce (200 g) halvsød eller bittersød is, valgfri
- chokolade, hakket (eller brug chips)
- 4½ ounce (130 g) smør, skåret i tern
- 2 æg
- 1½ kopper (360 ml) mælk
- 1 tsk vaniljeekstrakt
- 2 kopper (260 g) universalmel
- ¾ kop (150 g) sukker
- ¼ kop (35 g) kakaopulver
- 1 tsk bagepulver
- 1 tsk salt
- 1 (45 g) kop chokoladechips

Vejbeskrivelse

a) Sæt Sear and Press Grill op med vaffelpladerne. Vælg 450°F for de øvre og nedre plader. Tryk på Start for at forvarme.

b) Kom chokoladen og smørret i en skål, der tåler mikrobølgeovn, og opvarm på 100 % effekt i 30 sekunder. Rør konstant, indtil chokolade og smør er smeltet og blandingen er jævn. Stil til side for at køle lidt af.

c) Pisk æg, mælk og vanilje sammen i en stor skål eller kande, og rør den afkølede chokoladeblanding igennem, indtil den er jævn.

d) Sigt mel, sukker, kakaopulver, bagepulver og salt sammen i en stor røreskål og lav en fordybning i midten.

e) Hæld æggeblandingen i og pisk til det meste er glat med kun et par klumper. Rør chokoladestykkerne igennem.

f) Når forvarmningen er færdig; den grønne klar-lampe vil lyse. Tilsæt ½ kop dej i hver vaffelfirkant. Luk låget og kog til det er gennemstegt og tørt at røre ved. Dette vil tage cirka $3\frac{1}{2}$-4 minutter. Tag vaflerne ud og læg dem på en rist til afkøling let.

g) Gentag med den resterende dej. Server evt med is.

34. Vafler med pocheret rabarber

Gør 8 til 10

Ingredienser

- 2 æg, adskilt
- 1 pund friske rabarber, trimmet og vasket
- 1¾ kopper (420 ml) mælk
- ¼ kop sukker
- 1 tsk vaniljeekstrakt
- 4 ounce (115 g) smør, smeltet til servering
- 1 x 4,6-ounce (130 g) pakke vanilje pulveriseret sukker, valgfri.
- budding mix Vaniljecreme, valgfri.
- 2¼ kopper (295 g) universalmel
- 2 tsk bagepulver
- ¼ tsk salt
- ½ kop (100 g) sukker

Vejbeskrivelse

a) Sæt Sear and Press Grill op med vaffelpladerne. Vælg 410°F for den øverste plade og 350°F for den nederste plade. Tryk på Start for at forvarme.

b) Til de pocherede rabarber skæres rabarberstilkene i ½ tomme længder og lægges i en gryde med sukker og 1 kop vand. Kog ved svag varme, indtil rabarberne er bløde, men ikke nedbrudt. Afkøl helt.

c) Til vaflerne piskes æggeblommer, mælk, vaniljeekstrakt og smeltet smør sammen i en stor røreskål.

d) Kom buddingblanding, mel, bagepulver, salt og sukker sammen i en stor røreskål og lav en brønd i midten.

e) Hæld forsigtigt æg- og mælkeblandingen i og pisk, indtil det netop er blandet.

f) Pisk æggehvider med elpisker, indtil der dannes faste toppe. Vend vaffeldejen igennem.

g) Når forvarmningen er færdig; den grønne klar-lampe vil lyse. Tilsæt ½ kop dej i hver vaffelfirkant.

h) Luk låget og kog til det er gennemstegt og gyldenbrun. Dette vil tage cirka 4 minutter eller indtil kogt efter din smag. Tag vaflerne ud og læg dem på en rist til afkøling let.

i) Gentag med den resterende dej. Server med tyk vaniljecreme og rabarber; drys med flormelis.

35. Soufflévafler med tre oste

Gør 10 til 12

Ingredienser

- 4 æg, adskilt
- 2¼ kopper (540 ml) mælk
- 4 ounce (115 g) smør, smeltet
- ½ kop (40 g) revet parmesan
- ½ kop (40 g) revet mozzarella ¼ kop (20 g) revet provolone
- 3L kopper (435 g) universalmel
- 1 spsk bagepulver
- 1 tsk bagepulver
- 1 tsk kosher salt
- 1 kop (10 g) finthakket purløg

Vejbeskrivelse

a) Sæt Sear and Press Grill op med vaffelpladerne. Vælg 450°F for de øvre og nedre plader. Tryk på Start for at forvarme.
b) Kombiner æggeblommer, mælk og smør, og pisk, indtil det er godt blandet.
c) Kom ost, mel, bagepulver, natron og salt i en stor røreskål og lav en brønd i midten.
d) Hæld æggeblandingen i og fold, indtil det lige er blandet.
e) Pisk æggehvider med elpisker, indtil der dannes faste toppe. Vend vaffeldejen igennem sammen med hakket purløg.
f) Når forvarmningen er færdig; den grønne klar-lampe vil lyse. Tilsæt ½ kop dej i hver vaffelfirkant. Luk låget og kog til det er gennemstegt og gyldenbrun. Dette vil tage cirka 4-5 minutter, eller indtil det er tilberedt efter din smag.

36. Kærnemælksvafler

Laver 6 vafler

Ingredienser:

- 2 kopper universalmel
- 2 spiseskefulde polenta eller tørret majs
- 2 spsk hvidt sukker
- ¾ teskefulde bagepulver
- ¾ teskefulde flagesalt
- 2½ kopper kærnemælk
- 3 store æg
- 1 tsk ren vaniljeekstrakt
- 2/3 kop vegetabilsk olie

Vejbeskrivelse

a) Kombiner tørre ingredienser i en stor røreskål; pisk indtil godt blandet. Kombiner de resterende ingredienser i enten en stor målekop eller separat røreskål, og pisk for at kombinere.

b) Tilsæt de flydende ingredienser til de tørre ingredienser og pisk, indtil det er glat.

c) Forvarm vaffelmaskinen til den ønskede indstilling (en tone lyder, når den forvarmes).

d) Hæld en lille kop dej gennem toppen af tuden. Når tonen lyder, er vaflen klar. Åbn forsigtigt vaffelmaskinen og fjern den bagte vaffel.

e) Luk vaffelmaskinen og gentag med den resterende dej.

37. Belgiske vafler

Laver 5 vafler

Ingredienser:
- 2 kopper universalmel
- 2 spiseskefulde polenta
- ¾ teskefulde flagesalt
- ½ tsk bagepulver
- 2 store æg, adskilt
- 2½ kopper kærnemælk
- ¼ kop vegetabilsk olie
- ½ tsk ren vaniljeekstrakt
- Knip creme af tatar

Vejbeskrivelse

a) Kombiner de første fire ingredienser i en stor røreskål; pisk indtil godt blandet.

b) Kombiner æggeblommer, kærnemælk, olie og vaniljeekstrakt i enten et stort målebæger eller separat røreskål, og pisk, indtil det er godt blandet.

c) Tilsæt de flydende ingredienser til de tørre ingredienser og pisk, indtil det er glat.

d) Kom æggehvider og fløde af tatar i en separat, ren, stor skål. Brug enten et piskeris eller en håndmixer udstyret med et piskeristilbehør til at piske til medium spidser. Brug en stor spatel, tilsæt de piskede hvider til resten af dejen og fold sammen – sørg for, at der ikke er klumper af æggehvide i dejen. Pisk eventuelt til en jævn dej.

e) Forvarm vaffelmaskinen til den ønskede indstilling (en tone lyder, når den forvarmes).

f) Hæld langsomt en hel kop dej gennem toppen af tuden, sørg for at lade dejen flyde ind i vaffelmaskinen og ikke fylde tuden med dej på én gang. Når tonen lyder, er vaflen klar.

g) Åbn forsigtigt vaffelmaskinen og fjern den bagte vaffel. Luk vaffelmaskinen og gentag med den resterende dej.

38. Flerkornsvafler

Laver 4 vafler

Ingredienser:
- 1 kop fuldkornsmel
- ½ kop universalmel
- ¼ kop mandelmel
- ¼ kop hvedekim
- 1 tsk bagepulver
- ½ tsk flagesalt
- ½ tsk stødt kanel
- ¼ teskefulde bagepulver
- 2 kopper mælkefri mælk
- 2 teskefulde destilleret hvid eddike
- 2 store æg
- 2 spsk ren ahornsirup
- 1 tsk ren vaniljeekstrakt
- ¼ kop vegetabilsk olie
- 2 spsk hørfrøolie

Vejbeskrivelse

a) Kombiner tørre ingredienser i en stor røreskål; pisk indtil godt blandet. Kombiner de resterende ingredienser i enten et stort målebæger eller en separat røreskål, og pisk, indtil det er godt blandet.
b) Tilsæt de flydende ingredienser til de tørre ingredienser og pisk, indtil det er glat.
c) Forvarm vaffelmaskinen til den ønskede indstilling (en tone lyder, når den forvarmes).
d) Hæld en lille kop dej gennem toppen af tuden. Når tonen lyder, er vaflen klar.
e) Åbn forsigtigt vaffelmaskinen og fjern den bagte vaffel. Luk vaffelmaskinen og gentag med den resterende dej.

39. Boghvede vafler

Laver 6 vafler

Ingredienser
- 1½ kop universalmel
- ½ kop boghvedemel
- 2 spiseskefulde polenta
- 2 spsk hvidt sukker
- ¾ teskefulde bagepulver
- ¾ teskefulde flagesalt
- 2½ kopper kærnemælk
- 3 store æg
- 1 tsk ren vaniljeekstrakt
- 2/3 kop vegetabilsk olie

Vejbeskrivelse

a) Kombiner tørre ingredienser i en stor røreskål; pisk indtil godt blandet. Kombiner de resterende ingredienser i enten en stor målekop eller separat røreskål, og pisk for at kombinere.

b) Tilsæt de flydende ingredienser til de tørre ingredienser og pisk, indtil det er glat.

c) Forvarm vaffelmaskinen til den ønskede indstilling.

d) Hæld en lille kop dej gennem toppen af tuden. Når tonen lyder, er vaflen klar. Åbn forsigtigt vaffelmaskinen og fjern den bagte vaffel.

e) Luk vaffelmaskinen og gentag med den resterende dej.

40. Vafler frugt & ahornsirup

Laver 3 vafler

Ingredienser:
- 1½ dl rismel
- ¼ kop tapiokastivelse
- 2 spsk mælkepulver
- 2 spsk hvidt sukker
- 2 tsk bagepulver
- ¾ teskefulde flagesalt
- 1½ dl kærnemælk
- 1 stort æg
- 2 tsk ren vaniljeekstrakt
- 1/3 kop vegetabilsk olie

Vejbeskrivelse

a) Kombiner tørre ingredienser i en stor røreskål; pisk indtil godt blandet. Kombiner de resterende ingredienser i enten en stor målekop eller separat røreskål, og pisk for at kombinere.

b) Tilsæt de flydende ingredienser til de tørre ingredienser og pisk, indtil det er glat.

c) Forvarm vaffelmaskinen til den ønskede indstilling (en tone lyder, når den forvarmes).

d) Hæld 1 hel kop dej gennem toppen af tuden. Når tonen lyder, er vaflen klar. Åbn forsigtigt vaffelmaskinen og fjern den bagte vaffel.

e) Luk vaffelmaskinen og gentag med den resterende dej.

41. Polenta & Purløg vafler

Laver 6 vafler

Ingredienser:
- 2 kopper universalmel
- ½ kop polenta eller tørret majs
- 1 tsk flagesalt
- ¾ teskefulde bagepulver
- 2½ kopper kærnemælk
- 3 store æg
- 2/3 kop vegetabilsk olie
- ¼ kop finthakket frisk purløg

Vejbeskrivelse

a) Kombiner mel, polenta, salt og bagepulver i en stor røreskål; piskes til at kombinere. Kombiner de flydende ingredienser i enten en stor målekop eller separat røreskål, og pisk for at kombinere.

b) Tilsæt til de tørre ingredienser og pisk til det er glat. Vend purløg i.

c) Forvarm vaffelmaskinen til den ønskede indstilling (en tone lyder, når den forvarmes).

d) Hæld en lille kop dej gennem toppen af tuden. Når tonen lyder, er vaflen klar. Åbn forsigtigt vaffelmaskinen og fjern den bagte vaffel.

e) Luk vaffelmaskinen og gentag med den resterende dej.

42. Krydrede ostevafler

Laver 6 vafler

Ingredienser:
- 2 kopper universalmel
- ¼ kop polenta eller tørret majs
- ¾ teskefulde bagepulver
- ½ tsk flagesalt
- ¼ teskefulde cayennepeber
- 2½ kopper kærnemælk
- 2 store æg
- 2/3 kop vegetabilsk olie
- ½ kop fintrevet cheddar

Vejbeskrivelse

a) Bland mel, polenta, bagepulver, salt og krydderier i en stor røreskål; piskes til at kombinere.

b) Kombiner de flydende ingredienser i enten en stor målekop eller separat røreskål, og pisk for at kombinere. Tilsæt til de tørre ingredienser og pisk til det er glat. Fold cheddaren i.

c) Forvarm vaffelmaskinen til den ønskede indstilling (en tone lyder, når den forvarmes).

d) Hæld langsomt en lille kop dej gennem toppen af tuden, sørg for at lade dejen flyde ind i vaffelmaskinen og ikke fylde tuden med dej på én gang.

e) Når tonen lyder, er vaflen klar.

f) Åbn forsigtigt vaffelmaskinen og fjern den bagte vaffel.

g) Luk vaffelmaskinen og gentag med den resterende dej.

43. Kylling & vafler

Giver 8 portioner

Ingredienser:
- 2 kopper kærnemælk
- 1 spsk varm sauce
- 1 spsk sennep i Dijon-stil
- 1½ tsk flagesalt, delt
- 1½ tsk friskkværnet sort peber
- 8 udbenede, skindfri kyllingebryst (700 g), stødt tynde
- 2 kopper universalmel
- 1½ tsk bagepulver
- 1 tsk paprika
- Vegetabilsk olie til stegning
- 4 tilberedte Polenta & Purløg vafler

Vejbeskrivelse

a) I en medium, ikke-reaktiv skål røres kærnemælk, varm sauce, sennep, 1 tsk salt og 1 tsk friskkværnet peber sammen.

b) Tilsæt kyllingestykkerne og dæk dem godt med kærnemælksblanding. Stil på køl natten over.

c) Bland mel, bagepulver, paprika og resterende salt og peber i en lav skål.

d) Forvarm din frituregryde til 190°C.

e) Mens olien opvarmes, beklæd en bradepande med køkkenrulle og sæt en kølerist i gryden; reservere.

f) Fjern kyllingen fra kærnemælksblandingen, og beklæd hvert kyllingestykke let jævnt med melblandingen, og fjern eventuelt overskydende.

g) Steg kyllingen i portioner, cirka 3 minutter på hver side. Kyllingens indre temperatur skal være 80°C. Overfør til forberedt kølestativ.

h) Fordel en sammensat smør eller mayonnaise på hver vaffel og læg derefter 2 kyllingestykker ovenpå; dryp en velsmagende sød sauce ovenpå.

44. Vafler med citron og valmuefrø

Laver 6 vafler

Ingredienser:
- 2 kopper universalmel
- 2 spiseskefulde polenta
- 2 spsk hvidt sukker
- 2 spiseskefulde valmuefrø
- ¾ teskefulde bagepulver
- ¾ teskefulde flagesalt
- 2½ kopper kærnemælk
- 2 store æg
- 1 spsk revet citronskal
- 1 tsk frisk citronsaft
- 1 tsk ren vaniljeekstrakt
- 2/3 kop vegetabilsk olie

Vejbeskrivelse

a) Kombiner alle tørre ingredienser i en stor røreskål; pisk indtil godt blandet. Kombiner de resterende ingredienser i enten en stor målekop eller separat røreskål, og pisk for at kombinere.

b) Tilsæt de flydende ingredienser til de tørre ingredienser og pisk, indtil det er glat.

c) Forvarm vaffelmaskinen til den ønskede indstilling.

d) Hæld en lille kop dej gennem toppen af tuden. Når tonen lyder, er vaflen klar. Åbn forsigtigt vaffelmaskinen og fjern den bagte vaffel.

e) Luk vaffelmaskinen og gentag med den resterende dej.

45. Ricotta & hindbærvafler

Laver 6 vafler

Ingredienser:
- 2 kopper universalmel
- 2 spiseskefulde polenta
- 2 spsk hvidt sukker
- ¾ teskefulde bagepulver
- ¾ teskefulde flagesalt
- 2 kopper kærnemælk
- 2 store æg
- 2/3 kop ricotta
- 1 tsk ren vaniljeekstrakt
- ½ kop vegetabilsk olie
- ¼ kop hindbærsyltetøj/konserves

Vejbeskrivelse

a) Kombiner tørre ingredienser i en stor røreskål; pisk indtil godt blandet. Kombiner kærnemælk, æg, ricotta, vaniljeekstrakt og olie i enten en stor målekop eller separat røreskål. piskes til at kombinere.

b) Tilsæt de flydende ingredienser til de tørre ingredienser og pisk, indtil det er glat. Hæld syltetøjet/konserves over dejen og rør rundt.

c) Forvarm vaffelmaskinen til den ønskede indstilling (en tone lyder, når den forvarmes).

d) Hæld langsomt en lille kop dej gennem toppen af tuden, sørg for at lade dejen flyde ind i vaffelmaskinen og ikke fylde tuden med dej på én gang.

e) Når tonen lyder, er vaflen klar. Åbn forsigtigt vaffelmaskinen og fjern den bagte vaffel.

f) Luk vaffelmaskinen og gentag med den resterende dej.

46. Banan vafler

Laver 6 vafler

Ingredienser:

- 2 kopper universalmel
- 2 spiseskefulde polenta eller tørret majs
- 2 spsk lys brun farin
- ¾ teskefulde bagepulver
- ¾ teskefulde flagesalt
- ¼ teskefulde stødt kanel
- 2 kopper kærnemælk
- 2 store æg
- 1 kop moset banan
- 2 tsk ren vaniljeekstrakt
- 2/3 kop vegetabilsk olie

Vejbeskrivelse

a) Kombiner tørre ingredienser i en stor røreskål; pisk indtil godt blandet.

b) Kombiner de resterende ingredienser i enten en stor målekop eller separat røreskål, og pisk for at kombinere (sørg for, at bananen er godt blandet.

c) Hvis der er klumper, kan de glattes ud ved at bruge en stav- eller bordblender eller en foodprocessor).

d) Tilsæt de flydende ingredienser til det tørre og pisk til det er glat.

e) Forvarm vaffelmaskinen til den ønskede indstilling (en tone lyder, når den forvarmes).

f) Hæld en lille kop dej gennem toppen af tuden. Når tonen lyder, er vaflen klar. Åbn forsigtigt vaffelmaskinen og fjern den bagte vaffel.

g) Luk vaffelmaskinen og gentag med den resterende dej.

47. Chokolade vafler

Laver 6 vafler

Ingredienser:
- 2 kopper universalmel
- ½ kop hvidt sukker
- 2/3 kop usødet kakaopulver, sigtet
- 2 tsk bagepulver
- ½ tsk bagepulver
- ½ tsk flagesalt
- ½ tsk stødt kanel
- 2½ kopper kærnemælk
- 2 store æg
- 1 tsk ren vaniljeekstrakt
- 1/3 kop vegetabilsk olie
- ½ kop halvsød minichokolade
- bidder

Vejbeskrivelse

a) Bland mel, sukker, kakaopulver, bagepulver, bagepulver, salt og kanel i en stor røreskål; pisk for at blende.

b) Kombiner de flydende ingredienser i enten en stor målekop eller separat røreskål, og pisk for at kombinere.

c) Tilsæt til de tørre ingredienser og pisk til det er glat. Fold bidderne i.

d) Forvarm vaffelmaskinen til den ønskede indstilling (en tone lyder, når den forvarmes).

e) Hæld en lille kop dej gennem toppen af tuden. Når tonen lyder, er vaflen klar. Åbn forsigtigt vaffelmaskinen og fjern den bagte vaffel.

f) Luk vaffelmaskinen og gentag med den resterende dej.

48. Kanel-sukker vafler

Laver 6 vafler

Ingredienser:
- 2 kopper universalmel
- 2 spiseskefulde polenta eller tørret majs
- ¼ kop pakket lyst eller mørkt brun farin
- 1 tsk stødt kanel
- ¾ teskefulde bagepulver
- ¾ teskefulde flagesalt
- 2½ kopper kærnemælk
- 2 store æg
- 1 tsk ren vaniljeekstrakt
- 2/3 kop vegetabilsk olie

Vejbeskrivelse

a) Kombiner tørre ingredienser i en stor røreskål; pisk indtil godt blandet.

b) Kombiner de resterende ingredienser i enten en stor målekop eller separat røreskål, og pisk for at kombinere.

c) Tilsæt til de tørre ingredienser og pisk til det er glat.

d) Forvarm vaffelmaskinen til den ønskede indstilling (en tone lyder, når den forvarmes).

e) Hæld en lille kop dej gennem toppen af tuden. Når tonen lyder, er vaflen klar. Åbn forsigtigt vaffelmaskinen og fjern den bagte vaffel.

f) Luk vaffelmaskinen og gentag med den resterende dej.

49. Jordbær-Shortcake vafler

Giver 4 portioner

Ingredienser:
- 1 liter friske jordbær, afskallet og skåret i skiver
- 3 spsk hvidt sukker
- Knib flagesalt
- 1 kop fortykket creme
- 3 spiseskefulde konditorsukker
- ½ tsk ren vaniljeekstrakt
- tilberedte vafler

Vejbeskrivelse

a) I en mellemskål røres jordbær, hvidt sukker og en knivspids salt sammen. Sæt til side for at macerere indtil servering.

b) I en stor røreskål kombineres den tunge fløde, flormelis, vanilje og salt.

c) Brug en håndmikser udstyret med piskeristilbehøret, og pisk indtil medium-bløde toppe er opnået. Reservere.

d) Til servering toppes med flødeskum og derefter nogle af de macererede jordbær.

e) Dryp lidt af saften fra jordbærrene (samlet i bunden af røreskålen) over jordbærrene. Drys eventuelt med flormelis.

f) Til hver vaffel skal du kun bruge cirka 1/3 kop flødeskum og 1/3 kop af jordbærene.

PANDEKAGER

50. Rød fløjlspandekager

Ingredienser:

Topping
- ½ kop almindelig kefir
- 2 spsk pulveriseret sukker

Pandekager
- 1¾ kopper gammeldags havregryn
- 3 spsk kakaopulver
- 1½ tsk bagepulver
- 1 tsk bagepulver
- ¼ tsk salt
- 3 spsk ahornsirup
- 2 spsk kokosolie (smeltet)
- 1½ kopper 2% fedtfattig mælk
- 1 stort æg
- 1 tsk rød madfarve
- Chokolade spåner eller chips, til servering

Vejbeskrivelse

a) Til toppingen skal du tilføje begge ingredienser til en lille skål og røre, indtil de er kombineret. Sæt til side.

b) Til pandekagerne skal du tilføje alle genstande til en højhastighedsblender og blende på høj for at blive flydende. Sørg for, at alt er godt blandet.

c) Lad dejen hvile i 5 til 10 minutter. Dette gør det muligt for alle ingredienserne at komme sammen og giver dejen en bedre konsistens.
d) Spray en non-stick stegepande eller stegepande generøst med vegetabilsk olie og opvarm over medium varme.
e) Når panden er varm, tilsæt dejen ved hjælp af en $\frac{1}{4}$-kops målebæger og hæld dejen i stegepanden for at lave pandekagen. Brug målebægeret til at forme pandekagen.
f) Kog indtil siderne ser stivnede ud, og der dannes bobler i midten (ca. 2 til 3 minutter), og vend derefter pandekagen.
g) Når pandekagen er stegt på den side, tages pandekagen af varmen og lægges på en tallerken.
h) Fortsæt disse trin med resten af dejen.
i) Stables og serveres med topping og chokoladechips.

51. Mørk chokolade pandekager

Ingredienser:

Fyldning

- 1 kop mørk chokoladechips
- ½ kop kraftig piskefløde

Pandekager

- 1¾ kopper gammeldags havregryn
- 1½ tsk bagepulver
- 1 tsk bagepulver
- ½ tsk kanel
- ¼ tsk salt
- 2 spsk kokosolie (smeltet)
- 1 spsk ahornsirup
- 1 tsk vaniljeekstrakt
- 1½ kopper 2% fedtfattig mælk
- 1 stort æg
- Puddersukker og jordbær i skiver, til servering

Vejbeskrivelse

Til fyldet

a) Hæld chokoladechipsene i en skål og hæld fløden i en lille gryde.
b) Varm fløden op, indtil kanterne bobler, og hæld derefter over chokoladen.

c) Lad chokoladen sidde i 2 minutter (dette hjælper chokoladen med at smelte), og rør derefter til en tyk ganache.
d) Beklæd en bageplade med bagepapir.
e) Olie indersiden af en 2-tommer rund kageudstikker.
f) Hæld 1 tsk af chokoladen i udstikkeren og fordel den ud, så den danner en cirkel. Fjern skæret og fortsæt med at lave ganache-cirkler (bør give cirka seks).
g) Læg bagepladen i fryseren og frys ganachen i mindst 4 timer til natten over.

Til pandekagerne

a) Tilføj alle genstande, undtagen jordbærene, til en højhastighedsblender og blend på høj for at blive flydende. Sørg for, at alt er godt blandet.
b) Hæld dejen i en skål og lad den hvile i 2-3 minutter. Dermed kan dejen tykne, så den kan holde på chokoladen, når du vender pandekagerne.
c) Spray en non-stick stegepane eller stegepande generøst med vegetabilsk olie og opvarm over medium varme.

d) Når panden er varm, brug en ¼ kop målekop til at hælde dejen i en stegepande.
e) Fordel forsigtigt dejen i en rund form med målebægeret.
f) Læg 1 frossen ganachecirkel (vendt så den klumpede side er nedad) i midten af dejen og tryk den forsigtigt ned i dejen. Hæld mere dej over ganachecirklen lige indtil den er dækket.
g) Kog indtil dejen er tør at røre ved (ca. 3 til 4 minutter), og vend derefter pandekagen forsigtigt.
h) Fortsæt med at lave mad, indtil den anden side af pandekagen er gyldenbrun.
i) Når pandekagen er stegt på den side, tages pandekagen af varmen og lægges på en tallerken.
j) Fortsæt med den resterende dej og chokolade.
k) Server pandekager med flormelis og snittede jordbær.

52. Pandekager med ananas på hovedet

Ingredienser:
- 1 (20-ounce) dåse ananasringe (drænet)
- 1¾ kopper gammeldags havregryn
- 1½ tsk bagepulver
- 1 tsk bagepulver
- ½ tsk kanel
- ¼ tsk salt
- 2 spsk ahornsirup
- 2 spsk kokosolie (smeltet)
- 1½ kopper 2% fedtfattig mælk
- 1 stort æg
- Brun farin
- Maraschinokirsebær (afstilkede og skåret i halve), til servering

Vejbeskrivelse

a) Læg ananasringene på et dobbelt lag køkkenrulle for at dræne overskydende væske.

b) Tilsæt alle genstande, undtagen ananas, brun farin og maraschinokirsebær, til en højhastighedsblender og blend på høj for at blive flydende. Sørg for, at alt er godt blandet.

c) Hæld dejen i en skål og lad den hvile i 2-3 minutter. Dette gør, at dejen kan tykne, så den kan holde på ananasringene, når du vender pandekagerne.

d) Spray en non-stick stegepande eller stegepande generøst med vegetabilsk olie og opvarm over medium varme.
e) Når gryden er varm, brug en $\frac{1}{4}$-kops målebæger til at hælde dejen i gryden. Fordel forsigtigt dejen i en rund form med målebægeret.
f) Læg ananasringen i midten af dejen og tryk den forsigtigt ned i dejen. Drys lidt brun farin direkte på ananasringen.
g) Kog indtil dejen er tør at røre ved (ca. 3 til 4 minutter), og vend derefter pandekagen forsigtigt.
h) Fortsæt med at koge, indtil ananassen er god og karamelliseret.
i) Når pandekagen er stegt på den side, tages pandekagen af varmen og lægges på en tallerken.
j) Server hver pandekage med et maraschino-kirsebær placeret i midten af ananasen.

53. Citronmarengspandekager

Ingredienser:

Marengs
- 4 store æggehvider
- 3 spsk sukker

Pandekager
- 2 æg
- ½ kop hytteost
- ½ tsk vaniljeekstrakt
- 1 spsk honning
- ¼ kop speltmel
- ½ tsk bagepulver
- ¼ teskefuld bagepulver
- 2 tsk sukkerfri citron Jell-O blanding

Vejbeskrivelse

Til marengsen

a) Tilsæt æggehviderne i en røreskål og pisk, indtil der dannes bløde toppe. Bløde toppe sker, når du trækker piskerisene fra blandingen, og toppen dannes, men falder hurtigt om.

b) Tilsæt sukkeret til æggehviderne og fortsæt med at piske, indtil der dannes stive toppe. Stive toppe opstår, når du trækker piskerisene fra blandingen, og toppen dannes og holder sin form.

c) Stil marengsen til side.

d) Pisk æg, hytteost, vanilje og honning sammen og stil til side.

e) I en anden skål piskes de tørre ingredienser sammen, indtil de er godt blandet.

f) Tilsæt de våde ingredienser til de tørre ingredienser og pisk, indtil de er grundigt kombineret.

g) Spray en non-stick stegepande eller stegepande generøst med vegetabilsk olie og opvarm over medium varme.

h) Når panden er varm, tilsæt dejen ved hjælp af en ¼-kops målebæger og hæld dejen i stegepanden for at lave pandekagen. Brug målebægeret til at forme pandekagen.
i) Kog indtil siderne ser stivnede ud, og der dannes bobler i midten (ca. 2 til 3 minutter), og vend derefter pandekagen.
j) Når pandekagen er stegt på den side, tages pandekagen af varmen og lægges på en tallerken.
k) Fortsæt disse trin med resten af dejen.
l) Top pandekager med marengsen.
m) For at riste marengsen kan du enten bruge en lommelygte til at brune kanterne let, eller du kan putte de toppede pandekager under en varm slagtekylling i 2 til 3 minutter.

54. Kanelrullepandekager

Ingredienser:

Cashew flødeost topping

- 1 kop rå cashewnødder
- ⅓ kop vand
- 2 spsk honning
- 1 tsk æblecidereddike
- 1 tsk citronsaft
- ½ tsk vaniljeekstrakt
- ½ tsk kosher salt

Kanelfyld

- ½ kop brun farin
- 4 spsk smør, smeltet
- 3 tsk kanel

Pandekager

- 1¾ kopper gammeldags havregryn
- 1½ tsk bagepulver
- 1 tsk bagepulver
- ½ tsk kanel
- ¼ tsk salt
- 2 spsk kokosolie, smeltet
- 1 spsk ahornsirup
- 1 stort æg
- 1 tsk vaniljeekstrakt
- 1½ kopper 2% fedtfattig mælk

Vejbeskrivelse
a) Udblød cashewnødder i vand natten over.
b) Dræn cashewnødder, og kom dem derefter i en blender sammen med resten af ingredienserne.
c) Blend cashewblandingen, indtil den er cremet og uden klumper.
d) Skrab toppingen i en beholder med lille låg og stil den til side.

Til kanelfyldet
a) Tilføj alle ingredienserne sammen og rør for at kombinere, og sørg for at du har nedbrudt eventuelle klumper.
b) Hæld denne blanding i en sandwichpose. Du vil skære hjørnespidsen af posen og bruge den som en pressepose til at røre kanelsnurren på pandekagerne.

Til pandekagerne
a) Tilsæt alle ingredienserne til en blender. Den smeltede kokosolie kan hærde, når den kombineres med koldere ingredienser, så du kan varme mælken lidt op for at forhindre, at dette sker, hvis du vil.

b) Blend det hele i blenderen, indtil du har en jævn væske.
c) Hæld pandekageblandingen i en stor skål.
d) Lad dejen hvile i 5 til 10 minutter. Dette gør det muligt for alle ingredienserne at komme sammen og giver dejen en bedre konsistens.
e) Spray en non-stick stegepande eller stegepande generøst med vegetabilsk olie og opvarm over medium varme.
f) Når panden er varm, tilsæt dejen med en ¼-kops målebæger og hæld dejen på panden for at lave pandekagen. Fordel forsigtigt dejen i en rund form med målebægeret.
g) Skær spidsen af posen med kanelfyld og pres en kanelsnurr på pandekagen.
h) Kog indtil siderne ser stivnede ud, og der dannes bobler i midten (ca. 2 til 3 minutter), og vend derefter pandekagen.
i) Når pandekagen er stegt på den side, tages pandekagen af varmen og lægges på en tallerken.
j) Server pandekager med Cashew Cream Cheese Topping.

55. Kefir pandekager

Ingredienser:
- 1½ dl speltmel
- 1½ tsk bagepulver
- 1 tsk bagepulver
- ½ tsk salt
- 2 spsk kokosolie, smeltet
- 2 store æg, pisket
- ¼ kop 2% fedtfattig mælk
- 1¼ kopper almindelig kefir, let opvarmet
- ¼ kop ahornsirup
- Blåbær, til servering (valgfrit)

Vejbeskrivelse

a) Tilsæt mel, bagepulver, bagepulver og salt i en stor skål og pisk det grundigt sammen.

b) Tilsæt de resterende ingredienser til en anden skål og pisk for at blande grundigt. Den smeltede kokosolie kan hærde, når den kombineres med koldere ingredienser, så du kan varme mælken lidt op for at forhindre, at dette sker, hvis du vil.

c) Hæld de våde ingredienser i de tørre ingredienser og pisk sammen, indtil alle ingredienserne er våde.
d) Lad dejen hvile i 2 til 3 minutter. Dette gør det muligt for alle ingredienserne at komme sammen og giver dejen en bedre konsistens.
e) Spray en non-stick stegepande eller stegepande generøst med vegetabilsk olie og opvarm over medium varme.
f) Når panden er varm, tilsæt dejen ved hjælp af en ¼-kops målebæger og hæld dejen i stegepanden for at lave pandekagen. Brug målebægeret til at forme pandekagen.
g) Kog indtil siderne ser stivnede ud, og der dannes bobler i midten (ca. 2 til 3 minutter), og vend derefter pandekagen.
h) Når pandekagen er stegt på den side, tages pandekagen af varmen og lægges på en tallerken.
i) Fortsæt disse trin med resten af dejen. Server med blåbær, hvis det ønskes.

56. Cottage cheese pandekager

Ingredienser:
- ¼ kop speltmel
- ½ tsk bagepulver
- ¼ teskefuld bagepulver
- ⅛ teskefuld kanel
- ⅛ teskefuld salt
- 2 store æg, pisket
- ½ kop 2% fedtfattig hytteost
- 1 spsk honning
- ½ tsk vaniljeekstrakt
- Jordbær, til servering (valgfrit)

Vejbeskrivelse

a) Tilsæt alle de tørre ingredienser i en skål og pisk, indtil det er godt blandet.
b) I en separat skål piskes de våde ingredienser sammen.
c) Tilføj våde ingredienser til de tørre ingredienser og pisk for at kombinere dem grundigt.
d) Lad dejen hvile i 5 til 10 minutter. Dette gør det muligt for alle ingredienserne at komme sammen og giver dig en bedre konsistens til dejen.

e) Spray en non-stick stegepande eller stegepande generøst med vegetabilsk olie og opvarm over medium varme.
f) Når panden er varm, tilsæt dejen ved hjælp af en $\frac{1}{4}$-kops målebæger og hæld dejen i stegepanden for at lave pandekagen. Brug målebægeret til at forme pandekagen.
g) Kog indtil siderne ser stivnede ud, og der dannes bobler i midten (ca. 2 til 3 minutter), og vend derefter pandekagen.
h) Når pandekagen er stegt på den side, tages pandekagen af varmen og lægges på en tallerken.
i) Fortsæt disse trin med resten af dejen. Server eventuelt med jordbær.

57. Havregrynspandekager

Ingredienser:
- 1¾ kopper gammeldags havregryn
- 1½ tsk bagepulver
- 1 tsk bagepulver
- ½ tsk kanel
- ¼ tsk salt
- 2 spsk kokosolie, smeltet
- 1 spsk ahornsirup
- 1 stort æg
- 1 tsk vaniljeekstrakt
- 1½ kopper 2% fedtfattig mælk
- Jordbær og blåbær, til servering (valgfrit)

Vejbeskrivelse

a) Tilsæt alle ingredienserne til en blender. Den smeltede kokosolie kan hærde, når den kombineres med koldere ingredienser, så du kan varme mælken lidt op for at forhindre, at dette sker, hvis du vil.

b) Blend det hele i blenderen, indtil du har en jævn væske.

c) Hæld pandekageblandingen i en stor skål.

d) Lad dejen hvile i 5 til 10 minutter. Dette gør det muligt for alle ingredienserne at komme sammen og giver dejen en bedre konsistens.
e) Spray en non-stick stegepande eller stegepande generøst med vegetabilsk olie og opvarm over medium varme.
f) Når panden er varm, tilsæt dejen ved hjælp af en ¼-kops målebæger og hæld dejen i stegepanden for at lave pandekagen. Brug målebægeret til at forme pandekagen.
g) Kog indtil siderne ser stivnede ud, og der dannes bobler i midten (ca. 2 til 3 minutter), og vend derefter pandekagen.
h) Når pandekagen er stegt på den side, tages pandekagen af varmen og lægges på en tallerken.
i) Fortsæt disse trin med resten af dejen. Server med bær, hvis det ønskes.

58. 3-Ingrediens pandekager

Ingredienser:
- 1 moden banan plus mere til servering
- 2 store æg
- ½ tsk bagepulver

Vejbeskrivelse

a) Kom bananen i en skål og mos den, indtil den er flot og cremet – ingen klumper.

b) Knæk æggene i en anden skål og pisk indtil de er grundigt blandet.

c) Tilsæt bagepulveret i skålen med banan og hæld derefter æggene i. Pisk for at blande alt helt sammen.

d) Spray en non-stick stegepande eller stegepande generøst med vegetabilsk olie og opvarm over medium varme.

e) Når panden er varm, tilsæt 2 spsk dej i gryden for at lave pandekagen.

f) Kog indtil siderne ser ud til at være sat (du vil ikke se nogen bobler), og vend derefter pandekagen forsigtigt.

g) Når pandekagen er stegt på den side, tages pandekagen af varmen og lægges på en tallerken.

h) Fortsæt disse trin med resten af dejen. Server eventuelt med skåret banan.

59. Mandelsmør pandekager

Ingredienser:

- 1 stort æg
- 1 spsk kokosolie, smeltet
- 1 spsk ahornsirup
- 1 spsk mandelsmør, plus mere til servering
- 1 tsk bagepulver
- ½ tsk vaniljeekstrakt
- ¼ tsk salt
- ½ kop 2% fedtfattig mælk
- ¾ kop speltmel
- Kirsebær, til servering (valgfrit)

Vejbeskrivelse

a) Tilsæt æg, kokosolie, ahornsirup, mandelsmør, bagepulver, vanilje og salt i en stor skål, og pisk derefter for at blande grundigt.

b) Tilsæt mælken til blandingen og pisk igen for at kombinere.

c) Tilsæt melet til blandingen og pisk for at kombinere ingredienserne grundigt.

d) Lad dejen hvile i 2 til 3 minutter. Dette gør det muligt for dejen at tykne, så alle ingredienserne samles.

e) Spray en non-stick stegepande eller stegepande generøst med vegetabilsk olie og opvarm over medium varme.

f) Når panden er varm, tilsæt dejen ved hjælp af en ¼-kops målebæger og hæld dejen i stegepanden for at lave pandekagen. Brug målebægeret til at forme pandekagen.

g) Kog indtil siderne ser stivnede ud, og der dannes bobler i midten (ca. 2 til 3 minutter), og vend derefter pandekagen.

h) Når pandekagen er stegt på den side, tages pandekagen af varmen og lægges på en tallerken.

i) Fortsæt disse trin med resten af dejen.

j) Server pandekager med smeltet mandelsmør og kirsebær, hvis det ønskes. For at smelte mandelsmør skal du tage den ønskede mængde ud i en mikroovnssikker skål og varme op i intervaller på 30 sekunder, indtil den er smeltet. Rør mellem opvarmning.

60. Tiramisu pandekager

Ingredienser:
- 1¾ kopper gammeldags havregryn
- 1½ spsk sukkerfri vanilje Jell-O budding blanding
- 2 tsk instant espresso
- 1½ tsk kakaopulver
- 1½ tsk bagepulver
- 1 tsk bagepulver
- ½ tsk kanel
- ¼ tsk salt
- 2 spsk kokosolie, smeltet
- 1 spsk ahornsirup
- 1 stort æg
- 1 tsk vaniljeekstrakt
- 1 kop 2% fedtfattig mælk
- Flødeskum, til servering
- Chokoladespåner, til servering

Vejbeskrivelse

a) Tilsæt alle ingredienserne, undtagen flødeskum og chokoladespåner, til en blender. Den smeltede kokosolie kan hærde, når den kombineres med koldere ingredienser, så du kan varme mælken lidt op for at forhindre, at dette sker, hvis du vil.

b) Blend det hele i blenderen, indtil du har en jævn væske.

c) Hæld pandekageblandingen i en stor skål.

d) Lad dejen hvile i 2 til 3 minutter. Dette gør det muligt for alle ingredienserne at komme sammen og giver dejen en bedre konsistens.

e) Spray en non-stick stegepande eller stegepande generøst med vegetabilsk olie og opvarm over medium varme.

f) Når panden er varm, tilsæt dejen ved hjælp af en ¼-kops målebæger og hæld dejen i stegepanden for at lave pandekagen. Brug målebægeret til at forme pandekagen.

g) Kog indtil siderne ser stivnede ud, og der dannes bobler i midten (ca. 2 til 3 minutter), og vend derefter pandekagen.

h) Når pandekagen er stegt på den side, tages pandekagen af varmen og lægges på en tallerken.

i) Fortsæt disse trin med resten af dejen.

j) Top med flødeskum og chokoladespåner.

61. Citron blåbær pandekager

Ingredienser:

- 1½ dl speltmel
- 1½ tsk bagepulver
- 1 tsk bagepulver
- ½ tsk salt
- Skal fra 1 citron
- 2 spsk kokosolie, smeltet
- 2 store æg, pisket
- ¼ kop 2% fedtfattig mælk
- ¼ kop ahornsirup, plus mere til servering
- 1¼ kopper almindelig kefir (let opvarmet)
- ½ kop blåbær

Vejbeskrivelse

a) Tilsæt mel, bagepulver, natron og salt til en stor skål og pisk for at blande grundigt.

b) Tilsæt kokosolie, æg, mælk, ahornsirup, citronskal og kefir i en skål og pisk for at kombinere. Den smeltede kokosolie kan hærde, når den kombineres med koldere ingredienser, så du kan varme kefiren lidt op for at forhindre, at dette sker, hvis du vil.

c) Hæld de våde ingredienser i de tørre ingredienser og pisk sammen, indtil alle ingredienserne er våde.

d) Lad dejen hvile i 2 til 3 minutter. Dette gør det muligt for alle ingredienserne at komme sammen og giver dejen en bedre konsistens.

e) Spray en non-stick stegepande eller stegepande generøst med vegetabilsk olie og opvarm over medium varme.

f) Når panden er varm, tilsæt dejen ved hjælp af en $\frac{1}{4}$-kops målebæger og hæld dejen i stegepanden for at lave pandekagen. Brug målebægeret til at forme pandekagen.

g) Læg 3 til 5 blåbær på hver pandekage. Hold bærrene mod midten, så det er nemmere at vende pandekagen.

h) Kog indtil siderne ser stivnede ud, og der dannes bobler i midten (ca. 2 til 3 minutter), og vend derefter pandekagen.

i) Når pandekagen er stegt på den side, tages pandekagen af varmen og lægges på en tallerken.

j) Fortsæt disse trin med resten af dejen. Server med ahornsirup.

62. Quinoa pandekager

Ingredienser:
- 1 kop (en hvilken som helst farve) kogt quinoa
- ¾ kop quinoa mel
- 2 tsk bagepulver
- ½ tsk salt
- 1 spsk smeltet smør
- ¼ kop græsk yoghurt
- 2 spsk 2% fedtfattig mælk
- 2 store æg, pisket
- 2 spsk ahornsirup
- 1 tsk vaniljeekstrakt
- Frugtkonserves, til servering (valgfrit)

Vejbeskrivelse

a) Tilsæt quinoa, mel, bagepulver og salt i en stor skål, og pisk det grundigt sammen.

b) I en anden skål piskes smør, yoghurt, mælk, æg, ahornsirup og vanilje. Pisk det hele sammen, så det er godt blandet.

c) Tilsæt de våde ingredienser til de tørre ingredienser og pisk, indtil de er grundigt kombineret.

d) Lad dejen hvile i 2 til 3 minutter. Dette gør det muligt for alle ingredienserne at komme sammen og giver dejen en bedre konsistens.

e) Spray en non-stick stegepande eller stegepande generøst med vegetabilsk olie og opvarm over medium varme.

f) Når panden er varm, tilsæt dejen ved hjælp af en ¼-kops målebæger og hæld dejen i stegepanden for at lave pandekagen. Brug målebægeret til at forme pandekagen.

g) Kog indtil siderne ser stivnede ud, og der dannes bobler i midten (ca. 2 til 3 minutter), og vend derefter pandekagen.

h) Når pandekagen er stegt på den side, tages pandekagen af varmen og lægges på en tallerken.

i) Fortsæt disse trin med resten af dejen. Server med frugtkonserves, hvis det ønskes.

63. Græsk yoghurt havregrynspandekager

Ingredienser:
- 1¾ kopper gammeldags havregryn
- 1½ tsk bagepulver
- 1 tsk bagepulver
- ½ tsk kanel
- ¼ tsk salt
- 1 stort æg
- 2 spsk kokosolie, smeltet
- 1 spsk ahornsirup, plus mere til servering
- 1 tsk vaniljeekstrakt
- 1 kop almindelig græsk yoghurt
- ¼ kop 2% fedtfattig mælk

Vejbeskrivelse

a) Tilsæt alle ingredienserne til en blender. Den smeltede kokosolie kan hærde, når den kombineres med koldere ingredienser, så du kan varme mælken lidt op for at forhindre, at dette sker, hvis du vil.

b) Blend det hele i blenderen, indtil du har en jævn væske.

c) Hæld pandekageblandingen i en stor skål.

d) Lad dejen hvile i 5 til 10 minutter. Dette gør det muligt for alle ingredienserne at

komme sammen og giver dejen en bedre konsistens.

e) Spray en non-stick stegepande eller stegepande generøst med vegetabilsk olie og opvarm over medium varme.

f) Når panden er varm, tilsæt dejen ved hjælp af en $\frac{1}{4}$-kops målebæger og hæld dejen i stegepanden for at lave pandekagen. Brug målebægeret til at forme pandekagen.

g) Kog indtil siderne ser stivnede ud, og der dannes bobler i midten (ca. 2 minutter), og vend derefter pandekagen.

h) Når pandekagen er stegt på den side, tages pandekagen af varmen og lægges på en tallerken.

i) Fortsæt disse trin med resten af dejen. Server med ahornsirup.

64. Honningkage pandekager

Ingredienser:

Topping

- ¼ kop almindelig græsk yoghurt
- 1 spsk ahornsirup

Pandekager

- 1 kop speltmel
- 1 tsk bagepulver
- 1 tsk malet ingefær
- 1 tsk stødt allehånde
- 1 tsk kanel
- ¼ teskefuld stødt nelliker
- ¼ tsk salt
- 1 stort æg
- ½ kop 2% fedtfattig mælk
- 3 spsk ahornsirup
- 1 tsk vaniljeekstrakt

Vejbeskrivelse

a) Bland den græske yoghurt og ahornsirup sammen, indtil det er godt blandet og sæt til side.

b) Tilsæt speltmel, bagepulver, ingefær, allehånde, kanel, nelliker og salt i en stor skål, og pisk det grundigt sammen.

c) I en anden skål piskes æg, mælk, ahornsirup og vanilje sammen, indtil det er godt blandet.

d) Tilsæt de våde ingredienser til de tørre ingredienser og pisk, indtil de er grundigt kombineret.

e) Lad dejen hvile i 2 til 3 minutter. Dette gør det muligt for alle ingredienserne at komme sammen og giver dejen en bedre konsistens.

f) Spray en non-stick stegepande eller stegepande generøst med vegetabilsk olie og opvarm over medium varme.

g) Når panden er varm, tilsæt dejen ved hjælp af en ¼-kops målebæger og hæld dejen i stegepanden for at lave pandekagen.

h) Kog indtil siderne ser stivnede ud, og der dannes bobler i midten.

i) Når pandekagen er stegt på den side, tages pandekagen af varmen og lægges på en tallerken.

j) Fortsæt disse trin med resten af dejen. Server med yoghurttopping.

65. Græske yoghurt pandekager

Ingredienser:

- 1 kop speltmel
- ½ tsk bagepulver
- ½ tsk bagepulver
- ¾ kop almindelig græsk yoghurt
- ½ kop + 2 spsk 2% letmælk
- 1 stort æg
- 2 spsk ahornsirup

Vejbeskrivelse

a) Tilsæt mel, bagepulver og natron i en skål og pisk for at kombinere.

b) I en anden skål piskes yoghurt, mælk, æg og ahornsirup sammen, indtil det er grundigt kombineret.

c) Tilsæt de våde ingredienser til de tørre ingredienser og pisk, indtil de er grundigt kombineret.

d) Lad dejen hvile i 2 til 3 minutter. Dette gør det muligt for alle ingredienserne at komme sammen og giver dejen en bedre konsistens.

e) Spray en non-stick stegepande eller stegepande generøst med vegetabilsk olie og opvarm over medium varme.

f) Når panden er varm, tilsæt dejen ved hjælp af en ¼-kops målebæger og hæld dejen i stegepanden for at lave pandekagen. Brug målebægeret til at forme pandekagen.

g) Kog indtil siderne ser stivnede ud, og der dannes bobler i midten (ca. 2 til 3 minutter), og vend derefter pandekagen.

h) Når pandekagen er stegt på den side, tages pandekagen af varmen og lægges på en tallerken.

i) Fortsæt disse trin med resten af dejen.

66. Havregryn rosin småkage pandekager

Ingredienser:

Topping
- ½ kop pulveriseret sukker
- 1 spsk 2% fedtfattig mælk

Pandekager
- 1¾ kopper gammeldags havregryn
- 2 spsk brun farin
- 1½ tsk bagepulver
- 1 tsk bagepulver
- ½ tsk kanel
- ¼ tsk salt
- 2 spsk kokosolie, smeltet
- 1 tsk vaniljeekstrakt
- 1 kop 2% fedtfattig mælk
- ⅓ kop hakkede gyldne rosiner

Vejbeskrivelse

Til toppingen

a) I en lille skål blandes pulveriseret sukker og mælk sammen, indtil det er glat. Sæt til side.

b) Til pandekagerne

c) Tilsæt alle ingredienserne, undtagen rosinerne, til blenderen. Den smeltede kokosolie kan hærde, når den kombineres med koldere ingredienser, så du kan varme mælken lidt op for at forhindre, at dette sker, hvis du vil.

d) Blend det hele i blenderen, indtil du har en jævn væske.

e) Hæld pandekageblandingen i en stor skål.

f) Rør de hakkede rosiner i.

g) Lad dejen hvile i 5 til 10 minutter. Dette gør det muligt for alle ingredienserne at komme sammen og giver dejen en bedre konsistens.

h) Spray en non-stick stegepande eller stegepande generøst med vegetabilsk olie og opvarm over medium varme.

i) Når panden er varm, tilsæt dejen ved hjælp af en $\frac{1}{4}$-kops målebæger og hæld dejen i stegepanden for at lave pandekagen. Brug målebægeret til at forme pandekagen.

j) Kog indtil siderne ser stivnede ud, og der dannes bobler i midten (ca. 2 til 3 minutter), og vend derefter pandekagen.

k) Når pandekagen er stegt på den side, tages pandekagen af varmen og lægges på en tallerken.

l) Fortsæt disse trin med resten af dejen.

m) Top med sukkertopping.

67. Jordnøddesmør og gelépandekager

Ingredienser:
- 1½ dl speltmel
- ¾ kop pulveriseret jordnøddesmør
- 1½ tsk bagepulver
- 1 tsk bagepulver
- ½ tsk salt
- 2 store æg, pisket
- 1 spsk smør, smeltet
- 1½ kopper 2% fedtfattig mælk
- Concord druegele, til servering

Vejbeskrivelse

a) Tilsæt mel, pulveriseret jordnøddesmør, bagepulver, natron og salt i en skål og pisk for at kombinere.

b) I en anden skål piskes æg, smør og mælk sammen, indtil det er grundigt kombineret.

c) Tilsæt de våde ingredienser til de tørre ingredienser og pisk, indtil de er grundigt kombineret.

d) Lad dejen hvile i 2 til 3 minutter. Dette gør det muligt for alle ingredienserne at komme sammen og giver dejen en bedre konsistens.

e) Spray en non-stick stegepande eller stegepande generøst med vegetabilsk olie og opvarm over medium varme.

f) Når panden er varm, tilsæt dejen ved hjælp af en ¼-kops målebæger og hæld dejen i stegepanden for at lave pandekagen. Brug målebægeret til at forme pandekagen.

g) Kog indtil siderne ser stivnede ud, og der dannes bobler i midten (ca. 2 til 3 minutter), og vend derefter pandekagen.

h) Når pandekagen er stegt på den side, tages pandekagen af varmen og lægges på en tallerken.

i) Fortsæt disse trin med resten af dejen. Top med druegeléen.

68. Bacon pandekager

Ingredienser:

- 8 skiver centerskåret bacon
- 1½ dl speltmel
- 1½ tsk bagepulver
- 1 tsk bagepulver
- ½ tsk salt
- 2 store æg, pisket
- 1 spsk smør, smeltet
- 1 tsk vaniljeekstrakt
- 1¼ kopper 2% fedtfattig mælk
- ¼ kop ahornsirup

Vejbeskrivelse

a) Forvarm ovnen til 350°F.

b) Anbring baconen i et enkelt lag på en bageplade beklædt med bagepapir. Dette gør oprydningen meget nemmere.

c) Skub baconen ind i ovnen og steg i 30 minutter, eller indtil baconen er færdig.

d) Tag baconen ud af ovnen og læg baconen på en tallerken foret med køkkenrulle til afkøling.

e) Tilsæt mel, bagepulver, bagepulver og salt i en stor skål. Pisk for at kombinere ingredienser.

f) Tilsæt æg, smør, vanilje, mælk og ahornsirup i en anden skål og pisk for at kombinere ingredienserne.

g) Tilføj de våde ingredienser til de tørre ingredienser og pisk for at blande det hele grundigt.

h) Lad dejen hvile i 2 til 3 minutter. Dette gør det muligt for alle ingredienserne at komme sammen og giver dejen en bedre konsistens.

i) Spray en non-stick stegepande eller stegepande generøst med vegetabilsk olie og opvarm over medium varme.

j) Når panden er varm, læg en baconstrimmel på panden. Hæld ¼ kop dej oven på baconen. Fordel dejen jævnt over baconen, samt siderne af baconen.

k) Kog indtil siderne ser stivnede ud, og vend derefter pandekagen for at stege. Du kan måske bemærke, at disse pandekager steger lidt hurtigere på baconsiden.

l) Når pandekagen er stegt på den side, tages pandekagen af varmen og lægges på en tallerken.

m) Fortsæt disse trin med resten af dejen.

69. Hindbær mandel pandekager

Ingredienser:

- 1½ kopper frosne hindbær, optøet
- 2 spsk honning
- 1½ dl mandelmel
- 1 tsk bagepulver
- ¼ tsk salt
- ¼ tsk kanel
- 2 store æg, pisket
- ¼ kop 2% fedtfattig mælk
- 1 spsk ahornsirup
- 1 tsk vaniljeekstrakt

Vejbeskrivelse

a) Bland hindbærene med honningen. Mens du blander frugten, skal du også knuse den for at udtrække mere væske.

b) Hæld hindbærtoppen i en sandwichpose, forsegl og sæt til side.

c) Til pandekagerne

d) Tilsæt mel, bagepulver, salt og kanel i en skål og pisk det grundigt sammen.

e) I en separat skål piskes de resterende ingredienser sammen.

f) Tilsæt de våde ingredienser til de tørre ingredienser og pisk for at kombinere dem grundigt.

g) Lad dejen hvile i 5 til 10 minutter. Dette gør det muligt for alle ingredienserne at komme sammen og giver dejen en bedre konsistens.

h) Spray en non-stick stegepande eller stegepande generøst med vegetabilsk olie og opvarm over medium-høj varme.

i) Når panden er varm, tilsæt dejen med en $\frac{1}{4}$-kops målebæger og hæld dejen i panden for at lave pandekagen. Fordel forsigtigt dejen i en rund form med målebægeret.

j) Klip det ene hjørne af posen, der indeholder hindbærtoppen, og dryp noget af det over toppen af pandekagen. Brug en tandstik til at trække hindbærrene gennem pandekagebunden.

k) Kog indtil siderne ser stivnede ud, og der dannes bobler i midten (ca. 2 til 3 minutter), og vend derefter pandekagen.

l) Når pandekagen er stegt på den side, tages pandekagen af varmen og lægges på en tallerken.

m) Fortsæt disse trin med resten af dejen.

n) Top med den resterende hindbærtopping.

70. Jordnødde-, banan- og chokoladepandekager

Ingredienser:

- 1 kop speltmel
- ¼ kop pulveriseret jordnøddesmør
- ½ tsk bagepulver
- ½ tsk bagepulver
- ¾ kop almindelig græsk yoghurt
- 1 moden mellemstor banan, moset, plus mere til servering (valgfrit)
- ¼ kop + 2 spsk 2% fedtfattig mælk
- 1 stort æg
- 2 spsk ahornsirup
- ½ kop chokoladechips plus mere til servering (valgfrit)
- Jordnøddesmør, til servering (valgfrit)

Vejbeskrivelse

a) Tilsæt mel, pulveriseret jordnøddesmør, bagepulver og natron til en skål og pisk for at kombinere.

b) I en anden skål piskes yoghurt, moset banan, mælk, æg og ahornsirup, indtil det er kombineret.

c) Tilsæt de våde ingredienser til de tørre ingredienser og pisk, indtil de er grundigt kombineret.

d) Rør chokoladestykkerne i.

e) Lad dejen hvile i 2 til 3 minutter. Dette gør det muligt for alle ingredienserne at komme sammen og giver dejen en bedre konsistens.

f) Spray en non-stick stegepande eller stegepande generøst med vegetabilsk olie og opvarm over medium varme.

g) Når panden er varm, tilsæt dejen ved hjælp af en ¼-kops målebæger og hæld dejen i stegepanden for at lave pandekagen. Brug målebægeret til at forme pandekagen.

h) Kog indtil siderne ser stivnede ud, og der dannes bobler i midten (ca. 2 til 3 minutter), og vend derefter pandekagen.

i) Når pandekagen er stegt på den side, tages pandekagen af varmen og lægges på en tallerken.

j) Fortsæt disse trin med resten af dejen.

71. Vanilje kokos pandekager

Ingredienser:

Vanilje kokos topping

- 1 kop fuldfed kokosmælk på dåse
- ¼ kop ahornsirup
- 1½ tsk vaniljeekstrakt
- Lille knivspids salt

Pandekager

- 1½ dl speltmel
- ¼ kop strimlet usødet kokosnød, ristet (plus mere til servering)
- 1½ tsk bagepulver
- 1 tsk bagepulver
- ½ tsk salt
- 2 store æg, pisket
- 2 spsk kokosolie, smeltet
- 1 spsk vaniljeekstrakt
- ¼ kop ahornsirup
- ¼ kop fuldfed kokosmælk på dåse
- 1¼ kopper almindelig kefir

Vejbeskrivelse

a) Tilsæt alle ingredienserne i en lille gryde og varm op ved middel varme.

b) Pisk af og til og kog indtil blandingen begynder at tykne (ca. 7 minutter).

c) Fjern fra varmen for at lade den køle lidt af.

d) Til pandekagerne

e) Tilsæt mel, kokos, bagepulver, bagepulver og salt i en stor skål. Pisk for at kombinere ingredienser.

f) Tilsæt æg, kokosolie, vanilje, ahornsirup, kokosmælk og kefir i en anden skål og pisk for at kombinere ingredienserne. Den smeltede kokosolie kan hærde, når den kombineres med koldere ingredienser, så du kan varme kefiren lidt op for at forhindre, at dette sker, hvis du vil.

g) Tilføj de våde ingredienser til de tørre ingredienser og pisk for at blande det hele grundigt.

h) Lad dejen hvile i 2 til 3 minutter. Dette gør det muligt for alle ingredienserne at

komme sammen og giver dejen en bedre konsistens.

i) Spray en non-stick stegepande eller stegepande generøst med vegetabilsk olie og opvarm over medium varme.

j) Når panden er varm, tilsæt dejen ved hjælp af en ¼-kops målebæger og hæld dejen i stegepanden for at lave pandekagen. Brug målebægeret til at forme pandekagen.

k) Kog indtil siderne ser stivnede ud, og der dannes bobler i midten (ca. 2 til 3 minutter), og vend derefter pandekagen.

l) Når pandekagen er stegt på den side, tages pandekagen af varmen og lægges på en tallerken.

m) Fortsæt disse trin med resten af dejen.

n) Hæld vanilje-kokos-toppen over pandekagerne og drys med den ristede kokos før servering.

72. Chokolade kokos mandel pandekager

Ingredienser:

- 1½ dl mandelmel
- ½ kop strimlet, usødet kokosnød, ristet
- 1 tsk bagepulver
- 1 tsk bagepulver
- ¼ tsk salt
- 2 store æg, pisket
- ½ kop fuldfed kokosmælk på dåse
- 1 spsk ahornsirup, plus mere til servering
- 1 tsk vaniljeekstrakt
- ½ kop chokoladechips
- Ristet kokos, ristede mandler og barberet chokolade, til servering

Vejbeskrivelse

a) Tilsæt mel, strimlet kokos, bagepulver, natron og salt i en skål og pisk det grundigt sammen.

b) I en separat skål piskes æg, kokosmælk, ahornsirup og vanilje sammen.

c) Tilsæt de våde ingredienser til de tørre ingredienser og pisk for at kombinere dem grundigt.

d) Rør chokoladestykkerne i.

e) Lad dejen hvile i 5 til 10 minutter. Dette gør det muligt for alle ingredienserne at komme sammen og giver dejen en bedre konsistens.

f) Spray en non-stick stegepande eller stegepande generøst med vegetabilsk olie og opvarm over medium varme.

g) Når panden er varm, tilsæt dejen ved hjælp af en ¼-kops målebæger og hæld dejen i stegepanden for at lave pandekagen. Brug målebægeret til at forme pandekagen.

h) Kog indtil siderne ser stivnede ud, og der dannes bobler i midten (ca. 2 til 3 minutter), og vend derefter pandekagen.

i) Når pandekagen er stegt på den side, tages pandekagen af varmen og lægges på en tallerken.

j) Fortsæt disse trin med resten af dejen.

k) Top med ristet kokos, ristede mandler, strimlet chokolade og et dryp mere ahornsirup, hvis du vil.

73. Strawberry shortcake pandekager

Ingredienser:
- 1¾ kopper gammeldags havregryn
- 1½ tsk bagepulver
- 1 tsk bagepulver
- ½ tsk kanel
- ¼ tsk salt
- 2 spsk kokosolie, smeltet
- 1 spsk ahornsirup
- 1 stort æg
- 1 tsk vaniljeekstrakt
- 1½ kopper 2% fedtfattig mælk
- 1 kop jordbær i tynde skiver
- Flødeskum og jordbær til servering

Vejbeskrivelse

a) Tilsæt alle ingredienserne, undtagen jordbærene, til en blender. Den smeltede kokosolie kan hærde, når den kombineres med koldere ingredienser, så du kan varme mælken lidt op for at forhindre, at dette sker, hvis du vil.

b) Blend det hele i blenderen, indtil du har en jævn væske.

c) Hæld pandekageblandingen i en stor skål.

d) Lad dejen hvile i 5 til 10 minutter. Dette gør det muligt for alle ingredienserne at komme sammen og giver dejen en bedre konsistens.

e) Spray en non-stick stegepande eller stegepande generøst med vegetabilsk olie og opvarm over medium varme.

f) Når panden er varm, tilsæt dejen ved hjælp af en ¼-kops målebæger og hæld dejen i stegepanden for at lave pandekagen. Brug målebægeret til at forme pandekagen. Læg de snittede jordbær i et enkelt lag i dejen.

g) Kog indtil siderne ser stivnede ud, og der dannes bobler i midten (ca. 2 minutter),

og vend derefter pandekagen. Du skal muligvis lade disse stege lidt længere på den første side, så de ikke falder fra hinanden, når du vender dem.
Jordbærene er tunge og kan få disse pandekager til at gå i stykker, hvis de ikke er helt sat på den første side.

h) Når pandekagen er stegt på den side, tages pandekagen af varmen og lægges på en tallerken.

i) Fortsæt disse trin med resten af dejen.

j) Til servering, lag pandekager med flødeskum og top med jordbær.

74. Jordnøddesmør kop pandekager

Ingredienser:
- 1¾ kopper gammeldags havregryn
- ¼ kop pulveriseret jordnøddesmør
- 1½ tsk bagepulver
- 1 tsk bagepulver
- ½ tsk kanel
- ¼ tsk salt
- 2 spsk kokosolie, smeltet
- 1 spsk ahornsirup
- 1 stort æg
- 1 tsk vaniljeekstrakt
- 1½ kopper 2% fedtfattig mælk
- ½ kop chokoladechips

Vejbeskrivelse

a) Tilsæt alle ingredienserne, undtagen chokoladechipsene, til en blender. Den smeltede kokosolie kan hærde, når den kombineres med koldere ingredienser, så du kan varme mælken lidt op for at forhindre, at dette sker, hvis du vil.

b) Blend det hele i blenderen, indtil du har en jævn væske.

c) Hæld pandekagedejen i en stor skål.

d) Rør chokoladestykkerne i.

e) Lad dejen hvile i 5 til 10 minutter. Dette gør det muligt for alle ingredienserne at komme sammen og giver dejen en bedre konsistens.

f) Spray en non-stick stegepande eller stegepande generøst med vegetabilsk olie og opvarm over medium varme.

g) Når panden er varm, tilsæt dejen ved hjælp af en ¼-kops målebæger og hæld dejen i stegepanden for at lave pandekagen. Brug målebægeret til at forme pandekagen.

h) Kog indtil siderne ser stivnede ud, og der dannes bobler i midten (ca. 2 til 3 minutter), og vend derefter pandekagen.

i) Når pandekagen er stegt på den side, tages pandekagen af varmen og lægges på en tallerken.

j) Fortsæt disse trin med resten af dejen.

75. Mexicanske chokolade pandekager

Ingredienser:
- 1 kop speltmel
- ¼ kop usødet kakao
- 1 tsk kanel
- ½ tsk bagepulver
- ½ tsk bagepulver
- ¾ kop almindelig græsk yoghurt
- ¼ kop + 2 spsk 2% fedtfattig mælk
- 1 stort æg
- 2 spsk ahornsirup

Vejbeskrivelse

a) Tilsæt mel, kakao, kanel, bagepulver og natron i en skål og pisk for at kombinere.

b) I en anden skål piskes yoghurt, mælk, æg og ahornsirup sammen, indtil det er grundigt kombineret.

c) Tilsæt de våde ingredienser til de tørre ingredienser og pisk, indtil de er grundigt kombineret.

d) Lad dejen hvile i 2 til 3 minutter. Dette gør det muligt for alle ingredienserne at komme sammen og giver dejen en bedre konsistens.

e) Spray en non-stick stegepande eller stegepande generøst med vegetabilsk olie og opvarm over medium varme.

f) Når panden er varm, tilsæt dejen ved hjælp af en $\frac{1}{4}$-kops målebæger og hæld dejen i stegepanden for at lave pandekagen. Brug målebægeret til at forme pandekagen.

g) Kog indtil siderne ser stivnede ud, og der dannes bobler i midten (ca. 2 til 3 minutter), og vend derefter pandekagen.

h) Når pandekagen er stegt på den side, tages pandekagen af varmen og lægges på en tallerken.

i) Fortsæt disse trin med resten af dejen.

76. Fødselsdags overraskelsespandekager

Ingredienser:

- 1 kop speltmel
- 2 spsk sukkerfri vaniljebuddingblanding
- ½ tsk bagepulver
- ½ tsk bagepulver
- ¾ kop almindelig græsk yoghurt
- ½ kop + 2 spsk 2% letmælk
- 1 stort æg
- 2 spsk ahornsirup
- ¼ kop regnbuedrys, plus mere til topping (valgfrit)

Vejbeskrivelse

a) Tilsæt mel, budding, bagepulver og bagepulver til en skål og pisk for at kombinere.

b) I en anden skål piskes yoghurt, mælk, æg og ahornsirup sammen, indtil det er grundigt kombineret.

c) Tilsæt de våde ingredienser til de tørre ingredienser og pisk, indtil de er grundigt kombineret.

d) Lad dejen hvile i 2 til 3 minutter. Dette gør det muligt for alle ingredienserne at

komme sammen og giver dejen en bedre konsistens.

e) Efter at dejen hviler, røres drysset i.
f) Spray en non-stick stegepande eller stegepande generøst med vegetabilsk olie og opvarm over medium varme.
g) Når panden er varm, tilsæt dejen ved hjælp af en ¼-kops målebæger og hæld dejen i stegepanden for at lave pandekagen. Brug målebægeret til at forme pandekagen.
h) Kog indtil siderne ser stivnede ud, og der dannes bobler i midten (ca. 2 til 3 minutter), og vend derefter pandekagen.
i) Når pandekagen er stegt på den side, tages pandekagen af varmen og lægges på en tallerken.
j) Fortsæt disse trin med resten af dejen.

77. Grønne monster pandekager

Ingredienser:
- 1½ dl speltmel
- 2 spsk hamppulver
- 1 spsk spirulina pulver
- 1½ tsk bagepulver
- 1 tsk bagepulver
- ½ tsk salt
- 2 spsk kokosolie, smeltet
- 1½ spsk honning
- 1 spsk vaniljeekstrakt
- 2 store æg, pisket
- ¼ kop fuldfed kokosmælk på dåse
- 1¼ kopper almindelig kefir (let opvarmet)

Vejbeskrivelse

a) Tilsæt speltmel, hamppulver, spirulinapulver, bagepulver, natron og salt i en skål og pisk for at kombinere.

b) I en anden skål piskes kokosolie, honning, vanilje, æg, kokosmælk og kefir sammen, indtil de er godt blandet. Den smeltede kokosolie kan hærde, når den kombineres med koldere ingredienser, så du kan varme kefiren lidt op for at forhindre, at dette sker, hvis du vil.

c) Tilsæt de våde ingredienser til de tørre ingredienser og pisk sammen, indtil de er grundigt kombineret.

d) Lad dejen hvile i 2 til 3 minutter. Dette gør det muligt for alle ingredienserne at komme sammen og giver dejen en bedre konsistens.

e) Spray en non-stick stegepande eller stegepande generøst med vegetabilsk olie og opvarm over medium varme.

f) Når panden er varm, tilsæt dejen ved hjælp af en $\frac{1}{4}$-kops målebæger og hæld dejen i stegepanden for at lave pandekagen. Brug målebægeret til at forme pandekagen.

g) Kog indtil siderne ser stivnede ud, og der dannes bobler i midten (ca. 2 til 3 minutter), og vend derefter pandekagen.

h) Når pandekagen er stegt på den side, tages pandekagen af varmen og lægges på en tallerken.

i) Fortsæt disse trin med resten af dejen.

78. Vanilje matcha pandekager

Ingredienser:
- 1¾ kopper gammeldags havregryn
- 2 spsk usødet matcha pulver
- 2 spsk sukkerfri vaniljebuddingblanding
- 1½ tsk bagepulver
- 1 tsk bagepulver
- ¼ tsk salt
- 2 spsk kokosolie, smeltet
- 1 spsk ahornsirup
- 1 stort æg
- 1 tsk vaniljeekstrakt
- 1½ kopper 2% fedtfattig mælk

Vejbeskrivelse

a) Tilsæt alle ingredienserne til en blender. Den smeltede kokosolie kan hærde, når den kombineres med koldere ingredienser, så du kan varme mælken lidt op for at forhindre, at dette sker, hvis du vil.

b) Blend det hele i blenderen, indtil du har en jævn væske.

c) Hæld pandekageblandingen i en stor skål.

d) Lad dejen hvile i 5 til 10 minutter. Dette gør det muligt for alle ingredienserne at

komme sammen og giver dejen en bedre konsistens.

e) Spray en non-stick stegepande eller stegepande generøst med vegetabilsk olie og opvarm over medium varme.

f) Når panden er varm, tilsæt dejen ved hjælp af en ¼-kops målebæger og hæld dejen i stegepanden for at lave pandekagen. Brug målebægeret til at forme pandekagen.

g) Kog indtil siderne ser stivnede ud, og der dannes bobler i midten (ca. 2 til 3 minutter), og vend derefter pandekagen.

h) Når pandekagen er stegt på den side, tages pandekagen af varmen og lægges på en tallerken.

i) Fortsæt disse trin med resten af dejen.

79. Piña colada pandekager

Ingredienser:

- 1 kop speltmel
- ½ tsk bagepulver
- ½ tsk bagepulver
- ¾ kop almindelig græsk yoghurt
- ½ kop + 2 spsk fuldfed kokosmælk på dåse
- 1 stort æg
- 2 spsk ahornsirup
- 1 tsk vaniljeekstrakt
- ½ kop fint skåret ananas

Vejbeskrivelse

a) Tilsæt mel, bagepulver og natron i en skål og pisk for at kombinere.

b) I en anden skål piskes yoghurt, kokosmælk, æg, ahornsirup og vanilje sammen, indtil det er grundigt kombineret.

c) Tilsæt de våde ingredienser til de tørre ingredienser og pisk sammen, indtil de er grundigt kombineret.

d) Når alt er blandet sammen, røres ananasen i.

e) Lad dejen hvile i 2 til 3 minutter. Dette gør det muligt for alle ingredienserne at komme sammen og giver dejen en bedre konsistens.

f) Spray en non-stick stegepande eller stegepande generøst med vegetabilsk olie og opvarm over medium varme.

g) Når panden er varm, tilsæt dejen ved hjælp af en ¼-kops målebæger og hæld dejen i stegepanden for at lave pandekagen. Brug målebægeret til at forme pandekagen.

h) Kog indtil siderne ser stivnede ud, og der dannes bobler i midten (ca. 2 til 3 minutter), og vend derefter pandekagen.

i) Når pandekagen er stegt på den side, tages pandekagen af varmen og lægges på en tallerken.

j) Fortsæt disse trin med resten af dejen.

80. Kirsebærmandelpandekager

Ingredienser:

- 1½ dl mandelmel
- 1 tsk bagepulver
- 1 tsk bagepulver
- ¼ tsk salt
- 2 store æg, pisket
- 1 spsk ahornsirup
- 1 tsk vaniljeekstrakt
- ½ kop fuldfed kokosmælk på dåse
- ½ kop søde kirsebær i fint tern
- ¼ kop hakkede mandler

Vejbeskrivelse

a) Tilsæt mel, bagepulver, natron og salt i en skål og pisk for at blande grundigt.

b) I en separat skål piskes æg, ahornsirup, vanilje og kokosmælk sammen.

c) Tilsæt de våde ingredienser til de tørre ingredienser og pisk for at kombinere dem grundigt.

d) Pisk nu kirsebær og mandler i og bland indtil det hele er godt blandet.

e) Lad dejen hvile i 5 til 10 minutter. Dette gør det muligt for alle ingredienserne at

komme sammen og giver dejen en bedre konsistens.

f) Spray en non-stick stegepande eller stegepande generøst med vegetabilsk olie og opvarm over medium-høj varme.

g) Når panden er varm, tilsæt dejen ved hjælp af en $\frac{1}{4}$-kops målebæger og hæld dejen i stegepanden for at lave pandekagen. Brug målebægeret til at forme pandekagen.

h) Kog indtil siderne ser stivnede ud, og der dannes bobler i midten (ca. 2 til 3 minutter), og vend derefter pandekagen.

i) Når pandekagen er stegt på den side, tages pandekagen af varmen og lægges på en tallerken.

j) Fortsæt disse trin med resten af dejen.

81. Key lime pandekager

Ingredienser:

- 2 æg
- ½ kop hytteost
- ½ tsk vaniljeekstrakt
- 1 spsk honning
- Skal fra 1 lime
- ¼ kop speltmel
- ½ tsk bagepulver
- ¼ teskefuld bagepulver
- 2 tsk sukkerfri lime Jell-O blanding

Vejbeskrivelse

a) Pisk æg, hytteost, vanilje, honning og limeskal sammen og stil til side.

b) I en anden skål piskes de resterende ingredienser sammen, indtil de er godt blandet.

c) Tilsæt de våde ingredienser til de tørre ingredienser og pisk, indtil de er grundigt kombineret.

d) Spray en non-stick stegepande eller stegepande generøst med vegetabilsk olie og opvarm over medium varme.

e) Når panden er varm, tilsæt dejen ved hjælp af en ¼-kops målebæger og hæld dejen i stegepanden for at lave pandekagen. Brug målebægeret til at forme pandekagen.

f) Kog indtil siderne ser stivnede ud, og der dannes bobler i midten (ca. 2 til 3 minutter), og vend derefter pandekagen.

g) Når pandekagen er stegt på den side, tages pandekagen af varmen og lægges på en tallerken.

h) Fortsæt disse trin med resten af dejen.

82. Græskar krydderi pandekager

Ingredienser:

- 1½ dl gammeldags havregryn
- 1½ tsk bagepulver
- ½ tsk bagepulver
- ½ tsk kanel
- ½ tsk stødt allehånde
- ½ tsk malet ingefær
- ¼ tsk salt
- ½ kop dåse græskar
- 2 spsk kokosolie, smeltet
- 2 spsk ahornsirup
- 1 stort æg
- 1 tsk vaniljeekstrakt
- 1 kop 2% fedtfattig mælk

Vejbeskrivelse

a) Tilsæt alle ingredienserne til en blender. Den smeltede kokosolie kan hærde, når den kombineres med koldere ingredienser, så du kan varme mælken lidt op for at forhindre, at dette sker, hvis du vil.

b) Blend det hele i blenderen, indtil du har en jævn væske.

c) Hæld pandekageblandingen i en stor skål.

d) Lad dejen hvile i 5 til 10 minutter. Dette gør det muligt for alle ingredienserne at komme sammen og giver dejen en bedre konsistens.

e) Spray en non-stick stegepande eller stegepande generøst med vegetabilsk olie og opvarm over medium varme.

f) Når panden er varm, tilsæt dejen ved hjælp af en ¼-kops målebæger og hæld dejen i stegepanden for at lave pandekagen. Brug målebægeret til at forme pandekagen.

g) Kog indtil siderne ser stivnede ud, og der dannes bobler i midten (ca. 2 til 3 minutter), og vend derefter pandekagen.

h) Når pandekagen er stegt på den side, tages pandekagen af varmen og lægges på en tallerken.

i) Fortsæt disse trin med resten af dejen.

83. Chokolade banan pandekager

Ingredienser:
- 1 moden banan plus mere til servering
- 2 store æg
- ½ tsk bagepulver
- 2 spsk usødet kakaopulver
- Ahornsirup, til servering

Vejbeskrivelse

a) Kom bananen i en skål og mos den, indtil den er flot og cremet – ingen klumper.

b) Knæk æggene i en anden skål og pisk indtil de er grundigt blandet.

c) Tilsæt bagepulver og kakaopulver i skålen med banan og hæld derefter æggene i. Pisk for at kombinere alt fuldstændigt.

d) Spray en non-stick stegepande eller stegepande generøst med vegetabilsk olie og opvarm over medium varme.

e) Når panden er varm, tilsæt 2 spsk dej i gryden for at lave pandekagen.

f) Kog indtil siderne ser ud til at være sat (du vil ikke se nogen bobler), og vend derefter pandekagen forsigtigt.

g) Når pandekagen er stegt på den side, tages pandekagen af varmen og lægges på en tallerken.

h) Fortsæt disse trin med resten af dejen. Server med skåret banan og ahornsirup, hvis det ønskes.

84. Vanilje mandel pandekager

Ingredienser:
- 1 kop speltmel
- 2 spsk sukkerfri vaniljebuddingblanding
- ½ tsk bagepulver
- ½ tsk bagepulver
- ¾ kop almindelig græsk yoghurt
- ½ kop + 2 spsk 2% letmælk
- 1 stort æg
- 2 spsk ahornsirup
- ¼ kop hakkede mandler

Vejbeskrivelse

a) Tilsæt mel, buddingblanding, bagepulver og bagepulver til en skål og pisk for at kombinere.

b) I en anden skål piskes yoghurt, mælk, æg og ahornsirup sammen, indtil det er grundigt kombineret.

c) Tilsæt de våde ingredienser til de tørre ingredienser og pisk, indtil de er grundigt kombineret.

d) Rør mandlerne i til sidst.

e) Lad dejen hvile i 2 til 3 minutter. Dette gør det muligt for alle ingredienserne at

komme sammen og giver dejen en bedre konsistens.

f) Spray en non-stick stegepande eller stegepande generøst med vegetabilsk olie og opvarm over medium varme.

g) Når panden er varm, tilsæt dejen ved hjælp af en ¼-kops målebæger og hæld dejen i stegepanden for at lave pandekagen. Brug målebægeret til at forme pandekagen.

h) Kog indtil siderne ser stivnede ud, og der dannes bobler i midten (ca. 2 til 3 minutter), og vend derefter pandekagen.

i) Når pandekagen er stegt på den side, tages pandekagen af varmen og lægges på en tallerken.

j) Fortsæt disse trin med resten af dejen.

85. Funky abe pandekager

Ingredienser:
- 1½ dl mandelmel
- 1 tsk bagepulver
- 1 tsk bagepulver
- ¼ tsk salt
- 1 moden mellemstor banan, moset, plus mere til servering
- 2 store æg, pisket
- ½ kop kokosmælk
- 1 spsk ahornsirup
- 1 tsk vaniljeekstrakt
- ½ kop hakkede valnødder
- ½ kop mørk chokoladechips plus mere til servering

Vejbeskrivelse

a) Tilsæt mel, bagepulver, natron og salt i en skål og pisk for at blande grundigt.

b) I en separat skål piskes den mosede banan, æg, kokosmælk, ahornsirup og vanilje sammen.

c) Tilsæt de våde ingredienser til de tørre ingredienser og pisk for at kombinere dem grundigt.

d) Pisk nu valnødder og chokoladechips i og bland til det hele er godt blandet.

e) Lad dejen hvile i 5 til 10 minutter. Dette gør det muligt for alle ingredienserne at komme sammen og giver dejen en bedre konsistens.

f) Spray en non-stick stegepande eller stegepande generøst med vegetabilsk olie og opvarm over medium-høj varme.

g) Når panden er varm, tilsæt dejen ved hjælp af en ¼-kops målebæger og hæld dejen i stegepanden for at lave pandekagen. Brug målebægeret til at forme pandekagen.

h) Kog, indtil siderne ser stivnede ud, og der dannes bobler i midten, og vend derefter pandekagen.

i) Når pandekagen er stegt på den side, tages pandekagen af varmen og lægges på en tallerken.

j) Server med skåret bananer og chokoladechips.

86. Vanilje pandekager

Ingredienser:
- 1½ dl speltmel
- 2 spsk sukkerfri vaniljebuddingblanding
- 1½ tsk bagepulver
- 1 tsk bagepulver
- ½ tsk salt
- 2 store æg, pisket
- 2 spsk kokosolie, smeltet
- 1 spsk vaniljeekstrakt
- ¼ kop ahornsirup, plus mere til servering
- 1¼ kopper almindelig kefir

Vejbeskrivelse

a) Tilsæt speltmel, buddingblanding, bagepulver, natron og salt til en skål og pisk for at kombinere.

b) I en anden skål piskes æg, kokosolie, vanilje, ahornsirup og kefir sammen, indtil de er godt blandet. Den smeltede kokosolie kan hærde, når den kombineres med koldere ingredienser, så du kan varme kefiren lidt op for at forhindre, at dette sker, hvis du vil.

c) Tilsæt de våde ingredienser til de tørre ingredienser og pisk, indtil de er grundigt kombineret.

d) Lad dejen hvile i 2 til 3 minutter. Dette gør det muligt for alle ingredienserne at komme sammen og giver dejen en bedre konsistens.

e) Spray en non-stick stegepande eller stegepande generøst med vegetabilsk olie og opvarm over medium varme.

f) Når panden er varm, tilsæt dejen ved hjælp af en $\frac{1}{4}$-kops målebæger og hæld dejen i stegepanden for at lave pandekagen. Brug målebægeret til at forme pandekagen.

g) Kog indtil siderne ser stivnede ud, og der dannes bobler i midten (ca. 2 til 3 minutter), og vend derefter pandekagen.

h) Når pandekagen er stegt på den side, tages pandekagen af varmen og lægges på en tallerken.

87. Blåbær mango pandekager

Ingredienser:
- 1 kop speltmel
- ½ tsk bagepulver
- ½ tsk bagepulver
- ¾ kop almindelig græsk yoghurt
- ¼ kop + 2 spsk 2% fedtfattig mælk
- 1 stort æg
- 2 spsk ahornsirup
- ½ kop pureret mango
- ½ kop blåbær

Vejbeskrivelse

a) Tilsæt mel, bagepulver og natron i en skål og pisk for at kombinere.

b) I en anden skål piskes yoghurt, mælk, æg, ahornsirup og pureret mango sammen, indtil det er blandet.

c) Tilsæt de våde ingredienser til de tørre ingredienser og pisk, indtil de er grundigt kombineret.

d) Rør forsigtigt blåbærene i.

e) Lad dejen hvile i 2 til 3 minutter. Dette gør det muligt for alle ingredienserne at komme sammen og giver dejen en bedre konsistens.

f) Spray en non-stick stegepande eller stegepande generøst med vegetabilsk olie og opvarm over medium varme.

g) Når panden er varm, tilsæt dejen ved hjælp af en $\frac{1}{4}$-kops målebæger og hæld dejen i stegepanden for at lave pandekagen. Brug målebægeret til at forme pandekagen.

h) Kog indtil siderne ser stivnede ud, og der dannes bobler i midten (ca. 2 til 3 minutter), og vend derefter pandekagen.

i) Når pandekagen er stegt på den side, tages pandekagen af varmen og lægges på en tallerken.

j) Fortsæt disse trin med resten af dejen.

88. Mokka pandekager

Ingredienser:

- 1½ dl speltmel
- ¼ kop usødet kakao
- 3 tsk instant espressopulver
- 1½ tsk bagepulver
- 1 tsk bagepulver
- ½ tsk salt
- 2 spsk kokosolie, smeltet
- 1 tsk vaniljeekstrakt
- 2 store æg, pisket
- 1¼ kopper almindelig kefir

Vejbeskrivelse

a) Tilsæt speltmel, kakao, espressopulver, bagepulver, natron og salt i en skål og pisk for at kombinere.

b) I en anden skål piskes kokosolie, vanilje, æg og kefir sammen, indtil de er godt blandet. Den smeltede kokosolie kan hærde, når den kombineres med koldere ingredienser, så du kan varme kefiren lidt op for at forhindre, at dette sker, hvis du vil.

c) Tilsæt de våde ingredienser til de tørre ingredienser og pisk, indtil de er grundigt kombineret.

d) Lad dejen hvile i 2 til 3 minutter. Dette gør det muligt for alle ingredienserne at komme sammen og giver dejen en bedre konsistens.

e) Spray en non-stick stegepande eller stegepande generøst med vegetabilsk olie og opvarm over medium varme.

f) Når panden er varm, tilsæt dejen ved hjælp af en ¼-kops målebæger og hæld dejen i stegepanden for at lave pandekagen. Brug målebægeret til at forme pandekagen.

g) Kog indtil siderne ser stivnede ud, og der dannes bobler i midten (ca. 2 til 3 minutter), og vend derefter pandekagen.

h) Når pandekagen er stegt på den side, tages pandekagen af varmen og lægges på en tallerken.

89. Chai pandekager

Ingredienser:
- 1½ dl quinoa mel
- 1½ tsk bagepulver
- 1 tsk bagepulver
- 1 tsk kanel
- ¾ tsk stødt kardemomme
- Generøst knivspids nelliker
- ½ tsk malet ingefær
- ½ tsk stødt allehånde
- ½ tsk salt
- 2 store æg, pisket
- 2 spsk kokosolie, smeltet
- 1¼ kopper almindelig kefir
- ¼ kop ahornsirup
- 1 tsk vaniljeekstrakt

Vejbeskrivelse

a) Tilsæt mel, bagepulver, natron, kanel, kardemomme, nelliker, ingefær, allehånde og salt i en stor skål, og pisk det grundigt sammen.

b) I en anden skål piskes æg, kokosolie, kefir, ahornsirup og vanilje sammen, indtil de er kombineret. Den smeltede kokosolie kan hærde, når den kombineres med koldere ingredienser, så du kan varme kefiren lidt op for at forhindre, at dette sker, hvis du vil.

c) Tilsæt de våde ingredienser til de tørre ingredienser og pisk, indtil de er grundigt kombineret.

d) Lad dejen hvile i 2 til 3 minutter. Dette gør det muligt for alle ingredienserne at komme sammen og giver dejen en bedre konsistens.

e) Spray en non-stick stegepande eller stegepande generøst med vegetabilsk olie og opvarm over medium varme.

f) Når panden er varm, tilsæt dejen ved hjælp af en $\frac{1}{4}$-kops målebæger og hæld dejen i stegepanden for at lave pandekagen. Brug målebægeret til at forme pandekagen.

g) Kog indtil siderne ser stivnede ud, og der dannes bobler i midten (ca. 2 til 3 minutter), og vend derefter pandekagen.

h) Når pandekagen er stegt på den side, tages pandekagen af varmen og lægges på en tallerken.

90. Gulerodskage pandekager

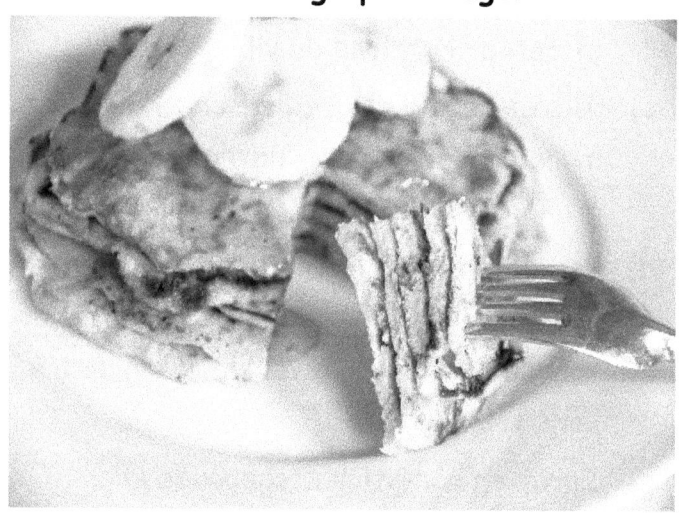

Ingredienser:

- 1½ dl gammeldags havregryn
- 1½ tsk bagepulver
- 1 tsk bagepulver
- ½ tsk kanel
- ¼ tsk salt
- Et strejf af muskatnød
- 1 stort æg
- 2 spsk kokosolie, smeltet
- 1 spsk ahornsirup
- 1 tsk vaniljeekstrakt
- 1¼ kopper 2% fedtfattig mælk
- 1½ kopper fint revet gulerødder
- ½ kop hakkede gyldne rosiner
- ½ kop hakkede valnødder

Vejbeskrivelse

a) Tilsæt alle ingredienserne, undtagen gulerødder, rosiner og valnødder, til en blender. Den smeltede kokosolie kan hærde, når den kombineres med koldere ingredienser, så du kan varme mælken lidt op for at forhindre, at dette sker, hvis du vil.

b) Blend det hele i blenderen, indtil du har en jævn væske.

c) Hæld pandekageblandingen i en stor skål.

d) Tilsæt gulerødder, rosiner og valnødder til dejen og rør grundigt.

e) Lad dejen hvile i 5 til 10 minutter. Dette gør det muligt for alle ingredienserne at komme sammen og giver dejen en bedre konsistens.

f) Spray en non-stick stegepande eller stegepande generøst med vegetabilsk olie og opvarm over medium varme.

g) Når panden er varm, tilsæt dejen ved hjælp af en $\frac{1}{4}$-kops målebæger og hæld dejen i stegepanden for at lave pandekagen. Brug målebægeret til at forme pandekagen.

h) Kog, indtil siderne ser stivnede ud, og der dannes bobler i midten, og vend derefter pandekagen.

i) Når pandekagen er stegt på den side, tages pandekagen af varmen og lægges på en tallerken.

91. Honning bananpandekager

Ingredienser:
- 1 moden banan plus mere til servering
- 2 store æg
- 1 spsk honning
- ½ tsk bagepulver
- Ahornsirup, til servering

Vejbeskrivelse

a) Kom bananen i en skål og mos den, indtil den er flot og cremet – ingen klumper.

b) Knæk æggene i en anden skål og pisk indtil de er grundigt blandet.

c) Tilsæt honning og bagepulver i skålen med banan og hæld derefter æggene i. Pisk for at kombinere alt fuldstændigt.

d) Spray en non-stick stegepande eller stegepande generøst med vegetabilsk olie og opvarm over medium varme.

e) Når panden er varm, tilsæt 2 spiseskefulde dej i stegepanden for at lave pandekagen.

f) Kog indtil siderne ser ud til at være sat (du vil ikke se nogen bobler), og vend derefter pandekagen forsigtigt.

g) Når pandekagen er stegt på den side, tages pandekagen af varmen og lægges på en tallerken.

h) Fortsæt disse trin med resten af dejen.

i) Top med bananer og ahornsirup.

92. Banan blåbær pandekager

Ingredienser:

- 1 kop speltmel
- ½ tsk bagepulver
- ½ tsk bagepulver
- 1 moden mellemstor banan, moset
- ¾ kop almindelig græsk yoghurt
- ¼ kop + 2 spsk 2% fedtfattig mælk
- 1 stort æg
- 2 spsk ahornsirup
- ½ kop blåbær

Vejbeskrivelse

a) Tilsæt mel, bagepulver og natron i en skål og pisk for at kombinere.

b) I en anden skål piskes den mosede banan, yoghurt, mælk, æg og ahornsirup, indtil de er kombineret.

c) Tilsæt de våde ingredienser til de tørre ingredienser og pisk, indtil de er grundigt kombineret.

d) Rør forsigtigt blåbærene i.

e) Lad dejen hvile i 2 til 3 minutter. Dette gør det muligt for alle ingredienserne at komme sammen og giver dejen en bedre konsistens.

f) Spray en non-stick stegepande eller stegepande generøst med vegetabilsk olie og opvarm over medium varme.

g) Når panden er varm, tilsæt dejen ved hjælp af en ¼-kops målebæger og hæld dejen i stegepanden for at lave pandekagen. Brug målebægeret til at forme pandekagen.

h) Kog indtil siderne ser stivnede ud, og der dannes bobler i midten (ca. 2 til 3 minutter), og vend derefter pandekagen.

i) Når pandekagen er stegt på den side, tages pandekagen af varmen og lægges på en tallerken.

j) Fortsæt disse trin med resten af dejen.

93. Æble kanel pandekager

Ingredienser:
- 1¾ kopper gammeldags havregryn
- 1½ tsk bagepulver
- 1 tsk bagepulver
- ¼ tsk kanel
- ¼ tsk salt
- 1 kop æblemos
- 2 spsk kokosolie, smeltet
- 1 spsk ahornsirup
- 1 stort æg
- 1 tsk vaniljeekstrakt
- ½ kop 2% fedtfattig mælk

Vejbeskrivelse

a) Tilsæt alle ingredienserne til blenderen. Den smeltede kokosolie kan hærde, når den kombineres med koldere ingredienser, så du kan varme mælken lidt op for at forhindre, at dette sker, hvis du vil.

b) Blend det hele i blenderen, indtil du har en jævn væske.

c) Hæld pandekagedejen i en stor skål.

d) Lad dejen hvile i 5 til 10 minutter. Dette gør det muligt for alle ingredienserne at

komme sammen og giver dejen en bedre konsistens.

e) Spray en non-stick stegepande eller stegepande generøst med vegetabilsk olie og opvarm over medium varme.

f) Når panden er varm, tilsæt dejen ved hjælp af en $\frac{1}{4}$-kops målebæger og hæld dejen i stegepanden for at lave pandekagen. Brug målebægeret til at forme pandekagen.

g) Kog indtil siderne ser stivnede ud, og der dannes bobler i midten (ca. 2 til 3 minutter), og vend derefter pandekagen.

h) Når pandekagen er stegt på den side, tages pandekagen af varmen og lægges på en tallerken.

i) Fortsæt disse trin med resten af dejen.

94. Jordbær cheesecake pandekager

Ingredienser:

- 1 kop speltmel
- 2 spsk sukkerfri vaniljebuddingblanding
- ½ tsk bagepulver
- ½ tsk bagepulver
- ¾ kop almindelig græsk yoghurt
- ½ kop + 2 spsk 2% letmælk
- 1 stort æg
- 2 spsk ahornsirup
- 1 kop jordbær i tynde skiver

Vejbeskrivelse

a) Tilsæt mel, buddingblanding, bagepulver og bagepulver til en skål og pisk for at kombinere.

b) I en anden skål piskes yoghurt, mælk, æg og ahornsirup, indtil det er kombineret.

c) Tilsæt de våde ingredienser til de tørre ingredienser og pisk, indtil de er grundigt kombineret.

d) Rør forsigtigt jordbærrene i.

e) Lad dejen hvile i 2 til 3 minutter. Dette gør det muligt for alle ingredienserne at komme sammen og giver dejen en bedre konsistens.

f) Spray en non-stick stegepande eller stegepande generøst med vegetabilsk olie og opvarm over medium varme.

g) Når panden er varm, tilsæt dejen ved hjælp af en ¼-kops målebæger og hæld dejen i stegepanden for at lave pandekagen. Brug målebægeret til at forme pandekagen.

h) Kog indtil siderne ser stivnede ud, og der dannes bobler i midten (ca. 2 til 3 minutter), og vend derefter pandekagen.

i) Når pandekagen er stegt på den side, tages pandekagen af varmen og lægges på en tallerken.

j) Fortsæt disse trin med resten af dejen.

95. Blåbær pandekager

Ingredienser:
- 1¾ kopper gammeldags havregryn
- 1½ tsk bagepulver
- 1 tsk bagepulver
- ½ tsk kanel
- ¼ tsk salt
- 1 stort æg
- 2 spsk kokosolie, smeltet
- 1 spsk ahornsirup
- 1 tsk vaniljeekstrakt
- 1¼ kopper 2% fedtfattig mælk
- ½ kop blåbær

Vejbeskrivelse

a) Tilsæt alle ingredienserne, undtagen blåbærene, til blenderen. Den smeltede kokosolie kan hærde, når den kombineres med koldere ingredienser, så du kan varme mælken lidt op for at forhindre, at dette sker, hvis du vil.

b) Blend det hele i blenderen, indtil du har en jævn væske.

c) Hæld pandekageblandingen i en stor skål.

d) Rør forsigtigt blåbærene i.

e) Lad dejen hvile i 5 til 10 minutter. Dette gør det muligt for alle ingredienserne at komme sammen og giver dejen en bedre konsistens.

f) Spray en non-stick stegepande eller stegepande generøst med vegetabilsk olie og opvarm over medium varme.

g) Når panden er varm, tilsæt dejen ved hjælp af en ¼-kops målebæger og hæld dejen i stegepanden for at lave pandekagen. Brug målebægeret til at forme pandekagen.

h) Kog indtil siderne ser stivnede ud, og der dannes bobler i midten (ca. 2 til 3 minutter), og vend derefter pandekagen.

i) Når pandekagen er stegt på den side, tages pandekagen af varmen og lægges på en tallerken.

j) Fortsæt disse trin med resten af dejen.

96. Jordbær bananpandekager

Ingredienser:

- 1 kop speltmel
- ½ tsk bagepulver
- ½ tsk bagepulver
- ¾ kop almindelig græsk yoghurt
- 1 moden mellemstor banan, moset
- ½ kop + 2 spsk 2% letmælk
- 1 stort æg
- 2 spsk ahornsirup
- ¾ kop skåret jordbær

Vejbeskrivelse

a) Tilsæt mel, bagepulver og natron i en skål og pisk for at kombinere.

b) I en anden skål piskes yoghurt, moset banan, mælk, æg og ahornsirup, indtil det er kombineret.

c) Tilsæt de våde ingredienser til de tørre ingredienser og pisk, indtil de er grundigt kombineret.

d) Rør forsigtigt jordbærrene i.

e) Lad dejen hvile i 2 til 3 minutter. Dette gør det muligt for alle ingredienserne at komme sammen og giver dejen en bedre konsistens.

f) Spray en non-stick stegepande eller stegepande generøst med vegetabilsk olie og opvarm over medium varme.

g) Når panden er varm, tilsæt dejen ved hjælp af en ¼-kops målebæger og hæld dejen i stegepanden for at lave pandekagen. Brug målebægeret til at forme pandekagen.

h) Kog indtil siderne ser stivnede ud, og der dannes bobler i midten (ca. 2 til 3 minutter), og vend derefter pandekagen.

i) Når pandekagen er stegt på den side, tages pandekagen af varmen og lægges på en tallerken.

j) Fortsæt disse trin med resten af dejen.

97. Fersken og flødepandekager

Ingredienser:
- 1¾ kopper gammeldags havregryn
- 2 spsk sukkerfri vaniljebuddingblanding
- 1½ tsk bagepulver
- 1 tsk bagepulver
- ½ tsk kanel
- ¼ tsk salt
- 1 spsk smør, smeltet
- 1 stort æg
- ¼ kop 2% fedtfattig mælk
- 1 tsk vaniljeekstrakt
- 2 kopper skrællede og snittede ferskner (hvis du bruger frosne ferskner, optø dem først)

Vejbeskrivelse

a) Tilsæt alle ingredienserne til en blender.
b) Blend det hele i blenderen, indtil du har en jævn væske.
c) Hæld pandekagedejen i en stor skål.
d) Lad dejen hvile i 5 til 10 minutter. Dette gør det muligt for alle ingredienserne at komme sammen og giver dejen en bedre konsistens.

e) Sprøjt en non-stick stegepande eller stegepande generøst med vegetabilsk olie og opvarm over medium-lav varme.

f) Når panden er varm, tilsæt dejen ved hjælp af en $\frac{1}{4}$-kops målebæger og hæld dejen i stegepanden for at lave pandekagen. Brug målebægeret til at forme pandekagen.

g) Kog indtil siderne ser stivnede ud, og der dannes bobler i midten (ca. 2 til 3 minutter), og vend derefter pandekagen.

h) Når pandekagen er stegt på den side, tages pandekagen af varmen og lægges på en tallerken.

i) Fortsæt disse trin med resten af dejen.

98. Bananbrød pandekager

Ingredienser:

- 1 kop speltmel
- ½ tsk bagepulver
- ½ tsk bagepulver
- ¾ kop almindelig græsk yoghurt
- 1 moden mellemstor banan, moset
- ½ kop + 2 spsk 2% letmælk
- 1 stort æg
- 2 spsk ahornsirup

Vejbeskrivelse

a) Tilsæt mel, bagepulver og natron i en skål og pisk for at kombinere.

b) I en anden skål piskes yoghurt, moset banan, mælk, æg og ahornsirup, indtil det er kombineret.

c) Tilsæt de våde ingredienser til de tørre ingredienser og pisk indtil de er blandet.

d) Lad dejen hvile i 2 til 3 minutter. Dette gør det muligt for alle ingredienserne at komme sammen og giver dejen en bedre konsistens.

e) Spray en non-stick stegepande eller stegepande generøst med vegetabilsk olie og opvarm over medium varme.

f) Når panden er varm, tilsæt dejen ved hjælp af en ¼-kops målebæger og hæld dejen i stegepanden for at lave pandekagen. Brug målebægeret til at forme pandekagen.

g) Kog indtil siderne ser stivnede ud, og der dannes bobler i midten (ca. 2 til 3 minutter), og vend derefter pandekagen.

h) Når pandekagen er stegt på den side, tages pandekagen af varmen og lægges på en tallerken.

i) Fortsæt disse trin med resten af dejen.

99. Tropiske pandekager

Ingredienser:
- 1¾ kopper gammeldags havregryn
- 1½ tsk bagepulver
- 1 tsk bagepulver
- ½ tsk kanel
- ¼ tsk salt
- 1 moden mellemstor banan, moset
- 2 spsk kokosolie, smeltet
- 1 spsk ahornsirup
- 1 stort æg
- 1 tsk vaniljeekstrakt
- ¾ kop 2% fedtfattig mælk
- ½ kop fuldfed kokosmælk på dåse
- ½ kop fint skåret ananas (hvis du bruger frossen, sørg for at den er optøet)
- ½ kop mango i fint tern (hvis du bruger frossen, skal du sørge for at den er optøet)

Vejbeskrivelse

a) Tilsæt alle ingredienserne, undtagen ananas og mango, til en blender. Den smeltede kokosolie kan hærde, når den kombineres med koldere ingredienser, så du kan varme mælken lidt op for at forhindre, at dette sker, hvis du vil.

b) Blend blandingen i blenderen, indtil du har en jævn væske.

c) Hæld pandekagedejen i en stor skål.

d) Rør ananas og mango i.

e) Lad dejen hvile i 5 til 10 minutter. Dette gør det muligt for alle ingredienserne at komme sammen og giver dejen en bedre konsistens.

f) Sprøjt en non-stick stegepande eller stegepande generøst med vegetabilsk olie og opvarm over medium-lav varme.

g) Når panden er varm, tilsæt dejen ved hjælp af en ¼-kops målebæger og hæld dejen i stegepanden for at lave pandekagen. Brug målebægeret til at forme pandekagen.

h) Kog indtil siderne ser stivnede ud, og der dannes bobler i midten (ca. 2 til 3 minutter), og vend derefter pandekagen.

i) Når pandekagen er stegt på den side, tages pandekagen af varmen og lægges på en tallerken.

100. Perfekte pandekager

Udbytte: 4-6 portioner

Ingredienser:
- 1½ kop universalmel
- 3 ½ tsk bagepulver
- ½ tsk salt
- 1 spsk sukker
- 1 ¼ dl mælk
- 1 æg
- 3 spsk smør, smeltet (valgfrit)

Vejbeskrivelse

a) I en stor skål sigtes mel, bagepulver, salt og sukker sammen.

b) Lav en brønd i midten og hæld mælk, æg og smeltet smør i; bland med en gaffel eller piskeris indtil glat.

c) Opvarm en bageplade eller en stor pande over medium høj varme (jeg indstiller min stegeplade på 375°F).

d) Hæld eller øs $\frac{1}{4}$ kop dej til hver pandekage. Vent, indtil der dannes bobler for at vende.

e) Brun på den anden side og server med smør og blåbærsirup.

KONKLUSION

Nogle af opskrifterne i denne bog laver fire portioner pandekager. Hvis du ikke fodrer så mange mennesker, skal du ikke bekymre dig - du kan fryse pandekagerne til senere. Bare lav pandekagerne, som du plejer. Lad dem køle helt af, og læg dem derefter mellem stykker vokspapir. Skub pandekagerne i en pose med lynlås og stil dem i fryseren. For at genopvarme kan du gøre et par ting. Du kan lade dem tø op og derefter varme dem i en stegepande, eller du kan putte de frosne pandekager i mikrobølgeovnen i et minut. Husk blot at fjerne det voksbehandlede papir, uanset hvilken metode du bruger. Hvis der er en topping, der passer til opskriften på pandekager, du fryser, kan du lave toppingen og opbevare den på køl i op til en uge. Ellers bliver du nødt til at gøre toppingen frisk, når du genopvarmer pandekagerne.